GABRIEL MARC

POÈMES D'AUVERGNE

ÉPISODES ET RÉCITS
PAYSAGES ET SOUVENIRS

PARIS

G. CHARPENTIER, ÉDITEUR

13, RUE DE GRENELLE-SAINT-GERMAIN, 13

1882

OUVRAGES DU MÊME AUTEUR

Poésies

SOLEILS D'OCTOBRE, 1869. 1 vol. in-18 jésus.
LA GLOIRE DE LAMARTINE (ode), in-8°.
SONNETS PARISIENS, 1875. 1 vol. in-18 jésus.
LE PUY-DE-DÔME (ode), 1876, in-18 jésus.

Prose

LA POÉSIE PROVINCIALE, étude lue à la Sorbonne à la réunion des Sociétés savantes.

Théâtre

QUAND ON ATTEND! monologue joué au Gymnase par M. Saint-Germain.

Inédit

PIERROT POÈTE, comédie en vers.
DANS LA CLAIRIÈRE, fantaisie lyrique.

POÈMES D'AUVERGNE

GABRIEL MARC

POÈMES D'AUVERGNE

ÉPISODES ET RÉCITS

PAYSAGES ET SOUVENIRS

PARIS

G. CHARPENTIER, ÉDITEUR

13, RUE DE GRENELLE-SAINT-GERMAIN, 13

1882

Tous droits réservés.

AVANT-PROPOS

C'est sous l'influence d'un courant littéraire très moderne que l'idée de ce livre a été conçue. Plusieurs poètes, en effet, ont déjà consacré à diverses régions de notre chère patrie des œuvres justement admirées. Brizeux a chanté la Bretagne, ses paysages, ses mœurs et ses traditions. Mistral et Jean Aicard, l'un en français, l'autre dans la langue maternelle, ont célébré la Provence. Le grand peintre Jules Breton, dont les vers ne sont pas moins colorés que les tableaux, nous a promenés à travers l'Artois.

Publier un volume de poésies uniquement inspirées par l'Auvergne, ce pays merveilleux situé au cœur de la France, n'est donc pas une tentative isolée. L'auteur des *Poèmes d'Auvergne* apporte seulement une pierre nouvelle à l'édifice inachevé, mais en pleine construction, de nos poèmes des provinces.

Il ne croit pas non plus avoir épuisé son sujet. Il n'a fait qu'ébaucher l'œuvre entrevue, qui devra comprendre, avec une sorte de petite *légende des siècles*, toute une série de paysages et d'impressions modernes. Il espère arriver peu à peu à rendre son livre moins incomplet. Son seul mérite, si c'en est un, c'est d'avoir le premier tenté pour l'Auvergne ce que ses devanciers ont réalisé pour leurs pays. Qu'on lui pardonne son audacieuse entreprise, en raison de ses efforts et de son amour de la terre natale.

DÉDICACE

A MA MÈRE

Depuis que tu n'es plus, ô mère bien-aimée,
Depuis que ta paupière est à jamais fermée
Et que ta chère voix s'est tû, je comprends mieux
L'ineffable clarté qui brillait dans tes yeux
Et les accents émus de ta douce parole.
Il me souvient du temps, où léger et frivole
J'allais sous ton regard à mes plaisirs d'enfant,
Où je venais vers toi, joyeux et triomphant,
Sous tes baisers bruyants courbant ma tête blonde,
Ne comprenant pas bien ta tendresse profonde

Et m'imprégnant de ton amour sans le savoir.

Il me souvient du temps où, jeune et plein d'espoir,

Pour moi chaque matin était un jour de fête.

Je te disais alors mes rêves de poète,

Et tu me souriais, et tu m'encourageais,

Et ta main caressait mon front, quand je songeais.

Nous faisions tous les deux mes premières études.

Tu veillais sur mes jours; et tes inquiétudes

Quelquefois m'irritaient et me rendaient méchant.

Ah! j'ignorais encor combien pur et touchant

Et combien précieux est l'amour d'une mère.

Il a fallu la mort et la douleur amère

Pour m'enseigner le prix de tes soins incessants.

O mère! Je te pleure aujourd'hui. Je ressens

Le vide que ta mort a laissé dans ma vie.

Je maudis le destin qui t'a si tôt ravie

Sur le flot éternel sans borne et sans reflux;

Et je t'aime bien mieux depuis que tu n'es plus.

De même, cher pays, ô terre bien-aimée,

Auvergne, où s'écoula ma jeunesse charmée,

Depuis que le hasard m'exila dans Paris,
J'ai le regret du sol natal, et j'ai compris
Tes sommets imposants et tes grands paysages,
Tes souvenirs lointains, tes mœurs et tes usages ;
J'évoque tes prés verts, tes moissons et tes bois
Et mon rêve te voit plus belle qu'autrefois.

LIVRE PREMIER

ÉPISODES ET RÉCITS

De l'empreinte profonde et grave qu'a laissée
Ce chaos de la vie à ma sombre pensée,
De cette vision du mouvant genre humain,
Ce livre, où près d'hier on entrevoit demain,
Est sorti, reflétant de poème en poème
Toute cette clarté vertigineuse et blême ;
Pendant que mon cerveau douloureux le couvait,
La Légende est parfois venue à mon chevet,
Mystérieuse sœur de l'Histoire sinistre ;
Et toutes deux ont mis leur doigt sur ce registre.

VICTOR HUGO (*La légende des siècles*).

ÉPISODES ET RÉCITS

LE PUY-DE-DÔME

ET LES VOLCANS

A VICTOR HUGO

Ad alta per alta.

Dans les âges lointains, mystérieux et sombres,
Tout remplis de clartés fulgurantes et d'ombres
    Où notre œil effrayé se perd,
Dans ces temps oubliés qui sans cesse reculent,
Sur lesquels, entassés, les siècles s'accumulent,
    Où tout semble morne et désert ;

Un grand lac, dont on voit la trace indélébile,
Recouvrait ce pays de sa nappe immobile,
  Où le pied du Sancy baignait ;
Et sur ce réservoir de l'onde originelle,
Que parfois un oiseau frôlait seul de son aile,
  Un vaste silence régnait.

Tout à coup l'eau parut sourdement agitée,
Et, dans le sein profond de la terre irritée,
  Un bruit courut lugubrement,
Pareil aux roulements d'un tonnerre invisible,
Et le monde sentit, à ce défi terrible,
  Un immense tressaillement.

Les feux intérieurs, emprisonnés au centre,
Semblaient se révolter pour sortir de leur antre,
  Au souffle d'un fauve ouvrier.
Les montagnes tremblaient du sommet à la base
Et le lac bouillonnait, comme l'eau d'un grand vase
  Au-dessus d'un ardent brasier.

Le sol lutta longtemps contre la flamme intense,
Échauffé, remué, fier de sa résistance
    A l'assaut du gouffre tonnant ;
Puis, sous la pression des cavernes profondes,
Céda sans se briser, et soudain sur les ondes
    Un cône s'éleva géant.

Mais après tant d'efforts, la terre enfin lassée,
Autour de la montagne en plein ciel élancée,
    Entr'ouvrit son énorme flanc,
Et la flamme et le feu, sortant par cent fissures,
Jaillirent dans les airs, ainsi que des blessures
    On voit couler des flots de sang.

Et ce fut un spectacle étrange et formidable.
Les combattants, avec un bruit épouvantable,
    La terre, l'eau, l'air et le feu,
Se croisant en tous sens comme une immense armée
Et mêlant leurs débris, leurs éclairs, leur fumée,

Bientôt l'eau recula tremblante vers la plaine ;
Mais les volcans jaloux et sans reprendre haleine,
      Insultant le Dôme hautain,
Crachaient des blocs ardents du fond de leurs abîmes,
Acharnés, flamboyants, faisant rougir les cimes
      Blanches de neiges au lointain.

Ils rugissaient autour du sommet qui les brave.
Ils écumaient de rage, et leur brûlante lave
      Se répandait comme un torrent ;
Et tous, sans se lasser, effrayant l'étendue,
Recommençaient toujours leur attaque éperdue
      Aux pieds du cône indifférent.

Pareils à des Titans armés de catapultes,
Bien longtemps ces lutteurs vomirent leurs insultes,
      Incendiant le ciel vermeil ;
Et lorsque fut éteint le feu qui les dévore,
Bien longtemps leur fumée obscurcissait encore
      L'azur céleste et le soleil.

Un jour tout s'apaisa. La funèbre nuée
Se dissipa. La terre affreuse, bossuée,
  Referma ses flancs entr'ouverts,
Froids sous le dur granit et les rouges scories;
Et les volcans éteints, ces mamelles taries,
  Blanchirent par les longs hivers.

La plaine se couvrit de frondaisons superbes.
Mais du sol calciné les arbres ni les herbes
  N'osaient parer la nudité;
Et le Puy, dont le front portait plus d'une entaille,
Muet contemplateur de ce champ de bataille,
  Se dressait dans sa majesté.

LE DOLMEN

Arvernie! Arvernie! A toi, pays des braves,
Ma pensée et mes vers, ô terre des aïeux,
Dont le sang généreux coulait, comme tes laves,
Et qui gardaient le feu des volcans dans leurs yeux.

Salut, patrie et sol glorieux des ancêtres,
Druides vénérés, terribles combattants,
Aux longs cheveux dorés par la cendre des hêtres,
Qui voliez à l'appel des bardits éclatants.

Je vous vois soulevant la framée et la hache,
A travers les forêts, bondissant sur les rocs,
Portant des colliers d'or qu'une escarboucle attache
Et des casques pareils à des mufles d'aurochs.

Devant vous s'élançait Kamul, Dieu de la gloire;
Et fiers du sanglier peint sur votre étendard,
Vous cherchiez les combats, la mort ou la victoire,
Obéissant au Brenn que guidait le hasard.

Votre orgueil invincible épouvantait le monde.
Rome, avec ses soldats disciplinés et forts,
Redoutant vos yeux bleus et votre barbe blonde,
Aux pieds de votre chef répandait ses trésors.

Alors sur le sommet, géant parmi les cimes,
Et que seuls les éclairs de Tarann ont touché,
S'étendait un dolmen, noir du sang des victimes,
    Sur des blocs énormes couché.

C'est là que, le front ceint de verveines sauvages,
Les Druides, portant au cou l'œuf de cristal,
S'avançaient, précédés d'Ovates et d'Eubages
  Brandissant le couteau fatal.

Et les bardes penchés sur les harpes d'ivoire,
Célébraient Teutatès, le divin messager,
Ogmius, Bélénos ou la Diane noire
  Qui sourit de voir égorger.

C'est là qu'était le cœur de la Gaule farouche ;
C'est là que Bellovèse écoutait en tremblant
Les ordres de Kamul, qui parlait par la bouche
  De l'Archidruide sanglant.

LES FEMMES-FÉES

A THÉODORE DE BANVILLE

Au pied de Montjuzet dorment les Femmes-Fées.

Je les revois le soir, de verveines coiffées
Et leurs beaux cheveux blonds flottant sur leurs épaules,
Cheminant à travers les chênes et les saules.
Parmi les bouleaux blancs, pâles visions blanches,
Elles s'en vont sans bruit et glissent sous les branches,
Lorsque la nuit étend au loin ses voiles sombres.
Elles passent dans la forêt, comme des ombres.

Leur troupe vaporeuse à la brume se mêle
Et le brouillard léger les frôle de son aile.

Lentement dans la nuit passent les Femmes-Fées.

Leurs robes aux longs plis richement agrafées
Se gonflent sous la brise ou traînent sur la mousse.
Le vent souffle et je crois entendre leur voix douce
Chantant Ésus, le Dieu dont la droite féconde
Brisa l'œuf du serpent et fit naître le monde,
Ésus devant qui Dis fait jaillir la lumière,
Aux pieds de qui Tarann gronde avec le tonnerre
Et dont Teutatès, prompt à partir dès l'aurore,
Transmet à l'univers la parole sonore.

Au pied de Montjuzet chantent les Femmes-Fées.

Escortant la prêtresse et portant des trophées,
Elles disent le nom d'Ésus qui les contemple
Et gravissent le mont que domine le temple.

Autour du mont sacré défile le cortège.

Il s'enroule à son flanc, comme un ruban de neige,

S'éloigne et disparaît... Dans la nuit taciturne,

On n'entend que le cri de quelque oiseau nocturne

Ou du vent qui gémit les plaintes étouffées.

Au pied de Montjuzet dórment les Femmes-Fées.

TERNAIRES DRUIDIQUES

FRAGMENT

A ANDRÉ LEMOYNE

Dans l'étendue aride et sombre du mystère
Ésus vivait. Soudain le divin solitaire,
Partageant l'œuf sacré, fit le ciel et la terre.

Éblouissant de feux, radieux et vermeil,
Comme un roi, dans l'espace apparaît le soleil.
Tel Ésus éternel, unique et sans pareil.

Lorsque le vent du nord souffle et hurle de rage,
Le chêne indifférent se dresse dans l'orage ;
Tel l'homme en combattant doit montrer son courage,

Même au temps où le sol est de neige couvert,
Sur la branche, le gui de chêne est toujours vert.
L'âme, jeune toujours, monte au ciel entr'ouvert.

Sous la serpe de fer les blés tombent sans gloire.
Mais la mort des héros est comme une victoire,
Et les bardes sacrés conservent leur mémoire.

Le guerrier qui, bravant l'ennemi, s'immola
Pour venger le trépas des aïeux, celui-là
Vit en joie en buvant le vin du Walhalla.

Le Gaulois courageux tombe sans une plainte.
Celui qui dans son cœur a fait entrer la crainte
Connaîtra du Nislhein la triste et froide enceinte.

Le lâche qui recule et supporte un affront,
Ses fils le renieront et le mépriseront.
Qu'Heimdal le précipite aux gouffres du Nastrond.

Bélénos rajeuni se pare et se colore.
La vierge au fiancé sourit avec l'aurore.
Bardes, chantez l'amour sur la harpe sonore.

BARDIT

Les buccins hurlent dans l'air,
Des sommets jusqu'à la mer,
Partout.
Hommes blonds au regard fier,
Debout !

Accourez, Gâlls, race forte,
Au bruit des cornes d'aurochs.
Kamul joyeux vous emporte
Par les bois et sur les rocs.
Marchez, toujours en éveil,

Les buccins hurlent dans l'air
Des forêts jusqu'à la mer,
   Partout.
Hommes blonds au regard fier,
   Debout !

Vous êtes les fils d'Hercule,
Pour vous, mourir est un jeu.
Honte à celui qui recule
Devant le fer et le feu.
Il n'aura pour s'appuyer
Qu'un bâton de coudrier.

Les buccins hurlent dans l'air,
Des plaines jusqu'à la mer,
   Partout.
Hommes blonds au regard fier,
   Debout !

Gâlls, peuple vaillant et libre,
L'univers est dans vos mains.
Vous avez franchi le Tibre
Et fait trembler les Romains,
Portant la flamme et le fer
Jusqu'au front de Jupiter.

Les buccins hurlent dans l'air,
Des torrents jusqu'à la mer,
Partout.
Hommes blonds au regard fier,
Debout!

Bellovèse est votre exemple.
Vous irez plus loin encor
Piller Delphes, dont le temple
Resplendit de pourpre et d'or.
Vous verrez Troie, et vos fils
Prendront Carthage et Memphis.

Les buccins hurlent dans l'air,
Des cités jusqu'à la mer,
Partout.
Hommes blonds au regard fier,
Debout !

Ésus sourit. Tarann gronde.
Bélénos lance ses dards.
Prenant la masse et la fronde,
Déployez vos étendards.
Combattants aux lourds colliers,
Frappez sur vos boucliers.

Les buccins hurlent dans l'air,
Des monts bleus jusqu'à la mer,
Partout.
Hommes blonds au regard fier,
Debout!

UNE PAGE DES COMMENTAIRES

A HENRI MARTIN

Depuis deux mois d'hiver, César campait devant
Gergovie. Or, le froid et la neige et le vent
Plus que les assiégés harcelaient son armée.
Muette, dans sa triple enceinte renfermée,
La ville d'Arvernie attendait sans frayeur.
Car Vercingétorix modérant leur ardeur
Commandait aux Gaulois le calme et la prudence.
Plein de courage et fier de son indépendance
Le jeune chef savait déjà se contenir
Et, fuyant le combat, préparait l'avenir.

Les Romains s'irritaient de la longueur du siège.
L'éternelle blancheur des monts couverts de neige
Fatiguait leurs regards. Déjà les légions
Murmuraient sourdement et les centurions
Signalaient çà et là des ferments de révolte.
Les vivres s'épuisaient. La dernière récolte
Avait été mauvaise et l'on manquait de blé.
Il fallait en finir. Le conseil assemblé
Fut d'avis de lever le camp sans plus attendre.
Mais César qui rêvait la gloire d'Alexandre,
Redoutant, s'il fuyait, les rumeurs du Forum,
Dans un sobre discours prouva que l'oppidum
Pouvait être enlevé par ruse et par surprise.

Dès ce jour, ne songeant qu'à sa grande entreprise,
Du haut plateau de Crest il observait de loin
Un groupe de soldats défendant avec soin
Le monticule d'Opme, au sud de Gergovie.
Cette colline prise et la pente gravie,
La ville devenait difficile à sauver.
C'est pourquoi, les Gaulois, se hâtant d'achever

Par un matin brumeux, debout avec l'aurore
César lance au milieu de terrains découverts,
Comme pour attaquer Gergovie à revers,
Une troupe semblant une nombreuse armée.
En poussant des clameurs cette bande formée
D'esclaves, de valets déguisés en soldats,
Faisant un long détour, se dirige à grands pas
Du côté de Jussat où les gardes sommeillent.
A ce bruit matinal les assiégés s'éveillent
Et Vercingétorix, s'armant pour le combat,
Entraîne son armée au secours de Jussat,
Laissant la ville où règne une rumeur confuse.
Le proconsul voyant le succès de sa ruse
Se hâte de masser toutes ses légions,
Vélites, cavaliers, soldats, centurions,
Qui, des plateaux de Crest et de la Roche-Blanche,
Roulent vers Gergovie, ainsi qu'une avalanche.
Les frondeurs étrangers et les archers Crétois
Marchent au premier rang. Puis, viennent les Gaulois
Éduens, soutenant Rome contre leurs frères.
Dans un ordre parfait, maîtrisant leurs colères,
Silencieux, voici les bataillons Romains

Et, derrière, le flot des cavaliers Germains.

Tous atteignent bientôt le premier mur d'enceinte

Quelques gardes surpris tombent sans une plainte.

Le camp des alliés est conquis ; Theutomar

Le roi Nitiobrige est blessé sur son char ;

Litavicus s'enfuit et soudain les cohortes

Entourent les fossés et se pressent aux portes.

En les voyant tout près des murs, les habitants

Pleins d'effroi, se sentant perdus, sans combattants,

Sans défenseurs, livrés à des mains inhumaines,

Implorent à grands cris les légions Romaines.

Les vieillards, les enfants errent de toutes parts.

Les femmes aux seins nus, montant sur les remparts,

Laissent flotter au vent leurs longues chevelures.

Les unes, arrachant leurs plus riches parures,

Les jettent aux soldats pour calmer leur fureur ;

Les autres, à genoux et pâles de terreur,

Le corps brisé par leurs angoisses maternelles

Montrent leurs nouveau-nés pendus à leurs mamelles.

Cependant Fabius, se cramponnant aux blocs

Grossièrement scellés, monte de rocs en rocs

Et le glaive à la main entre dans Gergovie.

Par vingt centurions son audace est suivie
Et devant eux la ville est muette d'horreur.
Mais Vercingétorix, comprenant son erreur,
Se hâte d'ordonner une manœuvre habile
Et ramène l'armée au secours de la ville.
Les cavaliers Gaulois, franchissant les rochers,
Tombent sur l'ennemi. Les frondeurs, les archers,
Les Arvernes trapus armés de leurs cateies,
Les Helves aux colliers éclatants sur leurs saies,
Les Cadurkes portant de larges boucliers
En poussant de grands cris suivent les cavaliers.
L'espoir renaît alors dans la cité. Les femmes
Lamentables tantôt, ont maintenant des flammes
Dans les yeux ; les vieillards s'arment et les enfants
Excitent leurs aînés par des cris triomphants.
Fabius et les siens, poussés jusqu'aux murailles
Se brisent sur les rocs où pendent leurs entrailles.
Le bardit retentit sinistre, affreux, strident
Et le fils de Celtill farouche et l'œil ardent
Apparaît formidable au sommet d'une roche.

Déjà les légions cèdent à son approche.

Le sang rougit la neige ; et la confusion
Règne partout. Alors, guidant sa légion,
La dixième, César entre dans la mêlée.
Rendant par son exemple à l'armée affolée
Une nouvelle ardeur, il reprend le terrain
Perdu. Le bruit du fer sur les casques d'airain,
Le choc retentissant des haches et des masses,
Les épieux bossuant et trouant les cuirasses,
Les plaintes des mourants et les cornes d'aurochs
Dont l'appel incessant vibre à travers les rocs,
Tout ce tumulte affreux des antiques batailles
Se mêle et se confond jusqu'aux pieds des murailles.
C'est alors qu'un Arverne, un cavalier géant,
Atteint le proconsul près d'un gouffre béant,
Mais sans le reconnaître et détournant sa masse,
En le voyant chétif et sans défense, il passe
Courbé sur son cheval et le saisissant par
Son baudrier, l'emporte au loin. « Tu tiens César »
Crie un archer Gaulois. A ce nom redoutable,
Épouvanté, saisi d'un trouble inexplicable,
L'Arverne lâche prise et César, s'échappant,
Rapide entre ses mains glisse comme un serpent

Et s'enfuit en laissant tomber sa lourde épée.
Bientôt, craignant de voir sa légion coupée,
César toujours prudent et calme fait sonner
La retraite. Il comprend qu'il doit abandonner,
Puisqu'en ce jour fatal sa fortune chancelle,
Ces hauteurs où le sang des légions ruisselle.

Les Bardes cependant, du sommet des remparts,
Contemplent en chantant les bataillons épars
Que Vercingétorix poursuit jusqu'à la plaine ;
Et l'alouette enfin vit fuir l'aigle Romaine.

LE TEMPLE

Lorsque l'aigle farouche, à la serre implacable,
Du vol de l'alouette eut arrêté l'essor,
L'oiseau cher aux guerriers, de son cri lamentable
Attristait notre ciel, mais palpitait encor.

La Gaule aux cheveux blonds ne pouvait être esclave.
Rome la dominait en lui tendant la main
Et nos pères bientôt, vêtus du laticlave,
Vinrent délibérer dans le sénat Romain ;

Et les dieux ennemis du Tibre et de la Seine,
De l'encens des mortels ne furent plus jaloux.
Vaincu par Jupiter, Ésus n'eut plus de haine.
Teutatès regarda Mercure sans courroux.

Alors, sur le sommet où le vautour se pose,
Remplaçant le dolmen encor rouge de sang,
Un temple s'éleva superbe et grandiose,
Découpant dans l'azur son beau portique blanc.

Pour résister au choc terrible des orages,
Ses murs étaient scellés par des crampons de fer,
Et son fronton sculpté, perdu dans les nuages,
Méprisait la tempête et la foudre et l'hiver.

Tentures d'Orient, tapis, coupes d'albâtre,
Lampadaires, flambeaux aux reflets opalins,
Sièges d'ivoire, autels en porphyre verdâtre,
Ou mêlant le Paros aux marbres Cipolins,

Escaliers de granit, colonnes ioniques,
Exèdres réservés au corps sacerdotal,
Hémicycles, lambris couverts de mosaïques
S'abritaient sous un toit de brique et de métal

Et plus haut, le colosse, œuvre de Zénodore,
Le Mercure Gaulois, immense et sans pareil,
Rayonnant sur le mont sacré que Phœbus dore,
Le caducée en main affrontait le soleil.

Et les peuples nombreux, suivant la large voie,
Aux pieds de la statue apportaient leurs présents ;
Les prêtres de Vasso chantaient l'hymne de joie,
Et dans les trépieds d'or faisaient fumer l'encens.

Mais bientôt, sous le vent des divines paroles
Du Christ, ce conquérant par la grâce et l'amour,
On vit se dissiper les dieux et les idoles,
Ainsi qu'une fumée au lever d'un beau jour.

Et le Germain barbare, épouvantant l'empire,
Plus sombre qu'Attila, Krochk, ce fléau de Dieu,
Accourut des déserts du Nord et vint détruire
Le vaste monument par le fer et le feu.

O temps évanouis ! ô grandeurs ! ô désastres !
Le temple merveilleux n'offre plus aux regards
Que des fondations, des tronçons de pilastres,
Des chapiteaux brisés et des fragments épars.

LES POTIERS GALLO-ROMAINS

A SULLY PRUDHOMME

Sortant de l'atelier bâti sur la colline,
Leur travail achevé, comme le jour décline,
Les potiers sont assis à l'ombre des grands bois.
Balbio vient de Rome. Acircie est Gaulois.

ACIRCIE

Je suis potier de terre et d'une main agile
Je fais sortir le vase élégant de l'argile.

BALBIO

Je suis potier de terre et sous mes doigts nerveux
Coupe ou vase poli naissent, comme je veux.

ACIRCIE

L'argile est rouge et fine et, sous ma rude étreinte,
Dans le moule étendue, en prend l'exacte empreinte ;
Et le vase au vernis éclatant et vermeil
Durcira longuement aux rayons du soleil.

BALBIO

Ma coupe sort du four rayonnante et splendide ;
La forme en est parfaite et le vernis solide.
L'air, ni l'eau, ni le temps ne sauraient la ternir ;
Avec elle mon nom vivra dans l'avenir.

ACIRCIE

Un feston léger court sur le bord du grand vase.
Des guirlandes de fleurs s'enroulent à sa base
Et des sujets pieux décorent ses parois :
D'un côté le vieillard Ogmius, à la voix

Éloquente, entraînant sous l'ombrage des chênes
Ses auditeurs qu'il tient captifs avec des chaînes ;
De l'autre Teutatès, le Dieu farouche et beau,
Guidant l'âme du sage au sortir du tombeau.

BALBIO

Sur la coupe, au milieu de feuillages d'acanthe,
Dans quatre médaillons, on voit une Bacchante
Au torse nu, Phœbus Apollo, dieu du jour,
Puis l'Amour et Vénus souriant à l'Amour.

ACIRCIE

Mon beau vase fera l'ornement de la table
Pompeusement servie, où l'aïeul redoutable
A réuni ses fils et les fils de ses fils.
Étincelant parmi les roses et les lys,
Il contiendra les fruits qui pendent sous les treilles,
Les pommes des vergers et les pêches vermeilles.

BALBIO

Ma coupe n'aura pas un destin moins brillant.
Lorsque le fiancé s'approche en souriant,

Vers la fin du repas, de la jeune Gauloise,
La coupe s'emplira de vin ou de cervoise
Et la vierge aux yeux bleus, la prenant dans sa main,
L'offrira rougissante au chevalier Romain.

Ainsi parlaient entre eux les deux potiers de terre.
Maintenant le vallon est morne et solitaire.
Parfois le laboureur, découvrant un débris
Au vernis rouge et pur, le jette avec mépris.

LA VENGEANCE DE L'ÉVÊQUE

A PAUL ARÈNE

> Avant de songer à partir, Grégoire sollicita la grâce de l'homme qui l'avait poursuivi de ses impostures avec tant de perversité et d'effronterie.
> AUG. THIERRY, *Récits des temps mérovingiens.*

Tout est en mouvement à la ferme de Braine.
Hilpérik, roi des Francks de Neustrie et la reine,
Déjà se repaissant d'un nouveau châtiment,
Sont venus de Soissons pour le grand jugement.
Un imposteur infâme, à la parole immonde,
Osa calomnier la reine Frédégonde
Et dire qu'avec elle, au mépris de la loi,
L'évêque de Bordeaux avait trompé le roi.

Frédégonde adultère et Berthramn son complice !
Horreur ! Il doit subir un effrayant supplice
L'homme qui supposa ces honteuses amours ;
Et celui qu'on accuse est Grégoire de Tours.
Grégoire, illustre évêque, orgueil de l'Arvernie !
L'ancien comte de Tours, Leudaste, calomnie
Ta vertu radieuse et ta sainte candeur.
Mais le chêne géant regarde sans terreur
Le reptile hideux qui se glisse dans l'herbe.
Il porte indifférent son front large et superbe
Au-dessus des forêts jusque vers les cieux clairs ;
Et tu viens, calme et fort, au milieu de tes pairs,
N'ayant pas voulu fuir et dédaignant l'asile,
Te soumettre à l'arrêt souverain du concile !

Trente évêques, portant les insignes sacrés,
Imposants, solennels et graves, sont entrés
Dans la salle de bois, recouverte de chaume.
Ils sont venus de loin, à travers le royaume,
Ces glorieux prélats, Francks ou Gallo-Romains,
Escortés de leurs clercs, suivis dans les chemins

Par le peuple foulant avec crainte leurs traces.
Leurs traits gardent encor l'empreinte de leurs races.
Voici Raghenemod, évêque de Paris,
Portant à l'annulaire un joyau de grand prix,
Farouche et fier avec sa longue barbe blanche.
Leudowald de Bayeux, chargé d'âge, se penche
Auprès d'Honoratus, docte évêque d'Amiens.
Marowig, qui, longtemps, vécut chez les païens,
Est couvert d'un manteau de fourrures de martres.
Domnolus vient du Mans. Pappolus vient de Chartres.
Ils ont la dalmatique et la crosse en or fin.
Æthérius très jeune a l'air d'un séraphin,
Avec sa blanche étole, au milieu des prophètes.
Romahaire et Malulf de Senlis, sur leurs têtes,
Posent la mitre d'or où brille un diamant.
Voici Berthramn, celui qu'on dit être l'amant
De la reine, cachant sous ses cheveux en boucles
Son superhuméral parsemé d'escarboucles,
Et vingt autres placés suivant l'âge et le rang.
Au milieu d'eux, le roi s'asseyant à son banc
Les regarde, inquiet... Il est seul, sans escorte.
La foule cependant attend près de la porte.

Serviteurs et soldats, clercs en habits de lin
Se pressent. Le Franck libre heurte le fiscalin,
Près du Leude orgueilleux, sous sa brillante armure,
Et comme un bruit de ruche on entend leur murmure.

Le synode est ouvert; et c'est Raghenemod
Qui préside. Sévère et pesant chaque mot,
D'une voix forte et rude il expose la plainte.
Grégoire attend debout, sans bravade et sans crainte,
Et, la main sur la croix, répond : « En vérité,
Je n'ai rien dit de tel. » — « Ces propos ont été
Formulés, dit Berthramn, tu dois bien nous comprendre. »
Et Grégoire répond : « Si j'ai pu les entendre,
Je ne les ai jamais crus vrais. Devant le roi,
Je jure que je suis innocent. Que la loi
Me frappe si j'ai fait le mal. Dans ma pensée,
Jamais ne s'est glissée une haine insensée
Contre la Majesté que je vénère. Car,
Je veux rendre à César ce qu'on doit à César. »
Ces mots simples et nets désarment l'auditoire.
Pourquoi douter encor ? Sa franchise est notoire,
Murmure-t-on. Justice et respect lui sont dûs.

Quant aux témoins, des clercs ne sont point entendus
Contre un évêque. Il faut proclamer l'innocence
De Grégoire de Tours. Tout la prouve : l'absence
De Leudaste; la voix du peuple; l'air soumis
Du roi, qui fut trompé par d'imprudents amis.
Cependant Hilpérik demande une autre preuve
Et Grégoire subit cette bizarre épreuve.
Il célèbre trois fois la messe à trois autels,
Jurant devant les saints, par serments solennels,
Qu'il n'a pas accusé la reine de Neustrie.
Alors, les bras au ciel, Raghenemod s'écrie :
« Devant Dieu, devant tous, Grégoire est innocent.
Mais Leudaste est coupable, ô roi ! s'il est absent,
La justice de Dieu doit le frapper quand même;
Et je vais contre lui fulminer l'anathème :
Par le Père et le Fils et par le Saint-Esprit
Qui règnent dans les cieux, ainsi qu'il est écrit,
Par les pouvoirs sacrés que le Christ a faits nôtres,
Nous, évêques de Dieu, successeurs des apôtres,
Décrétons que Leudaste, infâme accusateur,
Artisan de scandale et calomniateur,
Comme un juif détesté qu'on hait et qu'on méprise,

Soit à jamais banni du giron de l'Église.
Qu'il ne puisse approcher désormais de l'autel.
Qu'aucun prêtre de Dieu ne vienne à son appel.
Que tout chrétien l'évite, ainsi qu'une vipère.
Qu'il reste sans secours et seul en son repaire.
Que partout on le fuie et qu'on le chasse, afin
Qu'il souffre, s'il a soif, qu'il meure, s'il a faim.
Qu'il soit maudit de tous ; de l'évêque de Rome
Maudit. Qu'il soit maudit du Père qui fit l'homme,
Du Fils qui l'a sauvé sur la croix, de l'Esprit
Qui se répand sur nous d'en haut. Qu'il soit maudit
Partout, dans sa maison, dans les champs, dans la ville,
Dans les camps ; méprisé comme une chose vile,
Dans son pays et sur le rivage lointain.
Qu'il soit maudit la nuit, le soir et le matin ;
Maudit dans le travail, le repos ou la veille ;
Quand il marche, quand il s'assied, quand il sommeille ;
Quand il franchit la mer, le fleuve ou le torrent ;
Quand il est plein de jours, quand il sera mourant.
Qu'il soit maudit dans son esprit et dans son âme,
Dans ses os, dans son sang et dans sa chair infâme,
Dans ses nerfs, dans tous ses membres atrophiés,

Du sommet de la tête à la plante des pieds.
Qu'il ne connaisse plus la durée et le nombre.
Que sur son front la nuit épaississe son ombre.
Que plus noir qu'un démon, maudit comme Satan,
Ils disparaisse avec Abiron et Dathan
Dans les gouffres sans fond de l'horrible géhenne.
Que de lui nul ne parle et nul ne se souvienne,
Et qu'ainsi que le feu d'une torche dans l'eau
Tout s'éteigne en son cœur sombre comme un tombeau. »

A ces mots, l'épouvante erre sur les fronts blêmes.
C'est un concert affreux de cris et d'anathèmes.
Tous, les bras étendus, approuvent l'interdit,
Criant : « *Amen !* Qu'il soit maudit ! Qu'il soit maudit. »
Seul Grégoire est assis gravement, sans rien dire.
Il plaint son ennemi vaincu, sans le maudire.
Il songe au Christ couvrant d'un suprême pardon
Ses juges, ses bourreaux et le mauvais larron.
Puis, comme pour sortir devant lui le roi passe,
Doux et triste, il se lève et dit : « Roi, fais-lui grâce ! »

AVITACUM

Près des monts aux fronts nus, dont la base s'incline,
Se pare d'arbrisseaux et s'achève en colline,
La villa souriante est debout, se mirant
Dans l'eau pure du lac dont le flot transparent
Caresse avec amour les marbres du portique.
Le paysage est frais, joyeux et poétique.
Une île verdoyante apparaît. Des ruisseaux
Murmurent dans les prés, à travers les roseaux.
Un pêcheur a jeté son filet. Sur la rive
Pleine d'ombre, un berger lance sa note vive.
On songe à Tusculum ; on rêve de Tibur.
Dans l'eau claire le ciel reflète son azur.

Le chant de la cigale et le vol de l'abeille
Forment de doux accords. La nature sommeille ;
Et le maître au front calme, heureux dans le repos
Du sage, après avoir contemplé ses troupeaux,
Lisant Virgile au pied d'un tilleul centenaire,
C'est le patricien Sidoine Apollinaire.

LA RÉPONSE DU MOINE

A ARMAND RENAUD

Dans les jardins fleuris qui dominent le Tibre,
Pendant que l'angélus du soir résonne et vibre
Des clochers de Saint-Pierre aux murs du Vatican,
Par un beau soir, alors qu'au rivage Toscan
Le comte Hugues, gardien des terres du Saint-Siège,
Regarde de sa tour les États qu'il protège,
Alors que l'Empereur, sur le mont Aventin,
Contemple Rome avec son juge palatin ;

Deux vieillards devisant des hommes et des choses
Passent majestueux, parmi les lauriers roses.
L'un est le Pape. L'autre, abbé de Saint-Gérauld,
Vient d'Aurillac. Il porte, alerte et le front haut
Ses quatre-vingt-dix ans. Il paraît aussi jeûne
Que le Pape, malgré le cilice et le jeune,
Et leur ombre s'allonge égale devant eux.
L'un s'appelle Raymond ; l'autre Silvestre deux.

« Il me souvient, disait le Pape, mon bon père,
Du jour de mon entrée en votre monastère.
J'étais un pauvre enfant. Seul, le long du chemin,
Je gardais les pourceaux. Vous m'avez pris la main,
Et voyant dans mes yeux le désir de connaître,
Vous m'avez dit : « Gerbert, viens, je serai ton maître,
« Et tu pourras aussi lire dans un missel. »
C'est à vous que je dus et le pain et le sel,
Et cette nourriture abondante de l'âme
L'amour de Dieu. C'est vous, Raymond, je le proclame,
Qui m'avez fait sortir de l'ombre et de la nuit.
Grâce à vous, la science et le jour qui la suit

Remplirent mon esprit de joie et de lumière.
Vous souvient-il encor de mon ardeur première?
Docile à vos leçons, pour devenir savant,
Sans ennui j'observais la règle du couvent,
Et c'était un bonheur au sortir des matines,
D'étudier la bible et les lettres latines.
Bientôt je vous quittai. Jusqu'en notre moustier,
Borel, comte d'Urgel, étant venu prier,
Je partis avec lui pour la marche d'Espagne.
Je ne devais plus voir l'ombre de la montagne,
Qui couvre chaque soir les murs de Saint-Gérault.
Mais pour devenir docte et s'élever, il faut
Quitter le nid moelleux où s'endort la jeunesse.
J'étudiai Macrobe et Porphyre et Boëce,
Euclide et Nicomaque et le divin Platon.
Puis le Pape Jean treize et l'empereur Othon,
Appréciant le peu que je pouvais connaître,
Au milieu des docteurs, me traitèrent en maître.
Othon le Grand voulait me garder à sa cour.
Mais je ne restai pas dans ce brillant séjour.
Car, moi que le hasard avait fait naître pâtre,
Je rêvais alors d'être un illustre écolâtre.

Je vins à Reims, auprès du sage Adalbéron,

Et comme saint Remi, le glorieux patron,

J'enseignai la science en apprenant moi-même.

Les nombres, la musique et l'effrayant problème

Des mondes suspendus dans les cieux rayonnants,

Même l'astrologie aux secrets étonnants,

Remplissaient mes leçons par la foule écoutées.

Je restaurai l'amour des lettres rejetées

Comme œuvre du démon par des moines obscurs,

Qui ne comprenaient pas et brûlaient comme impurs

Les vers de Juvénal, de Virgile et d'Horace,

Ces poètes remplis d'éloquence et de grâce.

Heureux temps ! où j'avais pour disciples Robert

Fils de Hugues Capet, Brazuit et Fulbert !

Mon souvenir vous fait revivre et vous regrette.

Mais il fallut encore affronter la tempête

Des honneurs, de la haine et des brillants sommets.

Destin prodigieux ! Me voilà désormais

Ballotté çà et là, comme une nef fragile

Et comme le bateau dont parle l'Evangile,

Aujourd'hui dominant les vagues, glorieux,

Demain presqu'englouti par les flots furieux.

Abbé de Bobio, je traverse Pavie
Comme un triomphateur ; puis, vaincu par l'envie,
Je suis contraint de fuir mon couvent. Je reviens
A Reims, où je reprends mes savants entretiens.
J'inscris une épitaphe au tombeau de Lothaire.
J'ai des amis puissants. Je deviens secrétaire
De Hugues roi de France et son grand conseiller,
Archevêque de Reims, puis archichancelier.
Je remplis sans faillir la tâche difficile
De gouverner l'État. Je nie en plein concile
L'infaillibilité du Pape. Sans terreur,
Je dis la vérité. Cependant l'Empereur
Me comble de bienfaits et me donne Ravenne.
J'ai la crosse et la mitre et je veux qu'on apprenne
Que Gerbert, archevêque, est poète et savant.
Je porte la clarté jusqu'au fond du couvent.
Je poursuis les abus. Je déclare anathème
Le prêtre qui vendait l'hostie et le Saint-Chrême.
Enfin me voilà Pape et grand parmi les grands.
Je pourrais arrêter d'un mot les conquérants.
Je dépose les rois. J'absous et je condamne.
Le Tibre devant moi remplace la Jordanne.

J'ai la tiare à trois couronnes. Moi, Gerbert
Né pour vivre inconnu dans un pays désert,
Je marche le premier dans le monde où nous sommes.
Je gardais les pourceaux et je suis pasteur d'hommes. »

Le moine répondit : « Mon fils, sous l'œil de Dieu,
Hommes, pourceaux, vraiment cela diffère peu ! »

LES PREMIERS CROISÉS

A GABRIEL VICAIRE

Lorsque Pierre l'Ermite à la voix prophétique,
Au peuple rassemblé sur la place publique
Eut crié : Dieu le veut ! Dieu le veut ! suivez-moi !
Lorsque le Pape Urbain, plein d'ardeur et de foi,
Eut fixé la croix rouge à la cotte de mailles
De mille chevaliers vainqueurs dans cent batailles ;
Dans le pays d'Auvergne, en plaine et sur le mont,
Des sommets du Cantal aux remparts de Clermont,
Tous, bourgeois, paysans, hauts barons et gens d'armes
Sur le sort des chrétiens navrés versaient des larmes,

Et, vendant leur maison, leur terre ou leur château
Ne songeaient qu'à marcher vers le divin tombeau.

Abandonnant son vieux castel et sa famille,
Un pauvre gentilhomme, Arnaud de Fontenille,
Partit l'un des premiers, un matin de printemps.
Encor robuste et vert, malgré ses soixante ans,
On le vit, portant heaume et brassards et cuirasse,
Enfourcher fièrement son vieux cheval de race ;
Tandis qu'à ses côtés, lui servant d'écuyer,
Taurin Courty, le fils cadet de son fermier,
Esprit simple et croyant, bonne âme paysanne,
Maniant l'aiguillon mieux que la pertuisane,
Montait tant bien que mal un cheval de labour.

Donc un matin d'avril, à la pointe du jour,
Ils partent tous les deux à travers la Limagne,
Allant tout droit par les sentiers, dans la campagne,
Vers l'Orient,... là-bas... tout au fond du ciel bleu,
Pour manger et dormir ne comptant que sur Dieu,
Certains qu'à leur rencontre il enverra ses anges.
Dès l'aurore debout et couchant dans les granges,

Ils franchissent la plaine et les monts du Forez.
Or, un soir, harassés, ils s'arrêtent auprès
D'un petit bois de pins bordant une prairie.
Pendant que leurs chevaux broutent l'herbe fleurie,
Ils regardent l'espace et loin, à l'horizon,
Découpés sur le ciel, les murs de Montbrison,
Tout dorés par les feux du soleil qui se couche.

Alors, rempli de joie, ouvrant sa large bouche,
Taurin, naïf comme un berger de Bethléem,
Dit « Maître, n'est-ce pas ici Jérusalem ? »

UNE COUR D'AMOUR

A GEORGES LAFENESTRE.

C'était jour de liesse au castel de Vodable.
Avec ses murs épais sur un roc formidable,
Le vieux castel, de loin, se dressait effrayant.
Mais, de près, ce jour là, tout était souriant
A l'ombre de ses tours et sous ses verts feuillages.
C'est que, de tous côtés, en pompeux équipages,
Chevaliers et barons, chez le dauphin Robert,
Étaient venus, laissant le casque et le haubert,
Pour la toque de vair dont l'aigrette flamboie
Et le joyeux pourpoint de velours et de soie.

Robert, dauphin d'Auvergne, élégant cavalier
De l'un à l'autre allait gracieux, familier,
Et, comme il revenait vainqueur de Palestine,
La croix rouge brillait sur sa large poitrine,
Près du dauphin d'azur des seigneurs de Viennois.
Si dans les durs assauts, comme dans les tournois,
Il avait maintes fois signalé son audace,
Robert ne croyait pas indigne de sa race
De chanter dans ses vers, ainsi qu'un troubadour,
Les beautés de sa mie.

                     Or, dans cet heureux jour,
Tout était joie et fête et plaisirs délectables.
Les uns avaient les dés, les échecs et les tables ;
D'autres les jeux-partis et les jeux sous l'ormel.
Ceux-là buvaient le vin d'Auvergne et l'hydromel.
Plus loin, ayant vidé l'or de leurs escarcelles,
Des seigneurs devisaient avec les damoiselles ;
Et dans l'étroit sentier qui conduit au château,
Un groupe revenait de la chasse à l'oiseau.

Bientôt, chacun se range à l'ombre d'un grand chêne,
Sur le roc gazonné qui domine la plaine,
Et d'où l'on voit Issoire aux rives de l'Allier,
Les basaltes d'Usson et les tours de Sémier
Et le vaste horizon bleuâtre des Monts-Dore.
Là s'assemble la cour d'amour.

      Très belle encore,
Dans sa cotte-hardie, aux samys de carmin,
Assalide paraît, un bouquet à la main.
Elle va présider, réglant de sa voix douce
Les amoureux débats. Sur un trône de mousse
Elle s'assied. Debout près d'elle et l'entourant,
Odile d'Aubusson, Jeanne de Montferrand
Et vingt autres sont là, dames et jouvencelles,
Portant hauts chaperons et frézeaux de dentelles,
Pélissons de velours et mantels d'ostérin.
La foule des seigneurs contemple cet écrin
Et le dauphin Robert qui vers elles s'avance.
Chacun s'étant assis, le plaidoyer commence.
Il s'agit de savoir, pour un cœur enflammé,
Lequel est le meilleur d'aimer ou d'être aimé?

Les avis sont divers : « Heureux celui qu'on aime »
Dit un baron hautain. « S'il aime bien lui-même,
Répond un jeune clerc, car, c'est le paradis
Que d'aimer qui vous aime. » En dits et contredits,
Le plaid d'amour poursuit, sur l'herbe diaprée,
Cette joute d'esprit jusques à la vesprée.

Pour finir la journée, on ouvre le concours
De poésie, où vont lutter les troubadours.
Chacun d'eux chantera. Puis, la belle Assalide,
La dame aux tresses d'or qui juge et qui préside,
Après avoir donné les raisons de son choix,
Offrira son bouquet au vainqueur du tournois.
Brillant et parfumé, le bouquet se compose
D'un souci jaunissant, d'un lys et d'une rose.
Cependant trois lutteurs osent seuls affronter
La redoutable épreuve et viennent pour chanter.
Ils approchent. Chacun se presse pour entendre.
Ce sont : Peyrols, le doux poète à la voix tendre,
Guilhem de Saint-Didier, le joyeux ménestrel,
Et Maenzac, très jeune et galant damoisel.

Ce dernier, tout tremblant, de son regard implore
Le charmant tribunal ; et, prenant sa mandore,
Il commence, en jouant un air plein de langueur,
L'aubade, où se trahit l'extase de son cœur :

  Je l'aime tant, d'une flamme si pure,
  Que jamais n'ai dit son nom. Et pourtant
  Ce nom si doux, la brise le murmure,
  Le flot qui passe et tout dans la nature ;
  Ce nom si doux, nul, hors moi, ne l'entend.
    Je l'aime tant.

  Je l'aime tant, que, si je suis près d'elle,
  Je n'ose pas lui parler. Et pourtant
  Lorsqu'elle cause avec la fleur nouvelle,
  Le rossignol s'arrête et bat de l'aile.
  Lors je l'écoute et je m'en vais chantant.
    Je l'aime tant.

Je l'aime tant que mon regard évite
Son long regard amoureux. Et pourtant
Ses yeux, son teint de lys et tout m'invite
A regarder. Mais las ! je fuis bien vite
La tête basse et le cœur tout battant.
   Je l'aime tant.

Je l'aime tant et ne puis autre chose
Que bien l'aimer ; mais d'un amour constant.
Au fond du cœur, comme on garde une rose,
Je veux garder son image bien close.
Ainsi je vis et je mourrai content.
   Je l'aime tant.

Ces vers doux et rêveurs, aux suaves dictames,
Font errer des soupirs sur la bouche des dames.
Puis, Saint-Didier s'avance. Il est grand, svelte et sec.
Il fait jaillir un air léger de son rebec.
Séduisant compagnon, il est d'humeur rieuse
Et, sans trouble, il compose une chanson joyeuse :

Dans le bois, tout endormie,
Arnault trouva son amie.
Il profita du moment,
Voyant sa bouche mi-close
Qui fleurait mieux qu'une rose,
Pour la baiser doucement.

Comme elle fermait encore
Sa paupière : « Je t'adore, »
Lui disait-il en tremblant.
Ses lèvres pressaient sa bouche,
Mais elle, non plus farouche,
Dormait ou faisait semblant.

Sa joue était fine et ronde.
Sur sa chevelure blonde
Un rayon allait glissant.
Mais, il n'y prenait pas garde.
Soudain, Blancheflor regarde,
D'un œil tendre et languissant.

« C'est toi, dit-elle, oh! le traître!
Arnault, j'ai rêvé peut-être.
Mais je sens de doux frissons.
Qu'as-tu fait? Sous la feuillée
Je n'étais pas éveillée. »
Arnault dit : « Recommençons. »

Du groupe des seigneurs un franc rire s'échappe.
Plus d'une jouvencelle aussi riait sous cape.
C'est le tour de Peyrols. Le bon poétiseur
Sur la viole d'amour prélude avec douceur.
Puis son chant devient triste et douloureux. Son âme
Se brise au souvenir adoré d'une femme :

Las! Mon cœur est tout angoissé,
De tristesse mon âme est pleine;
Depuis qu'elle m'a délaissé,
  Ma châtelaine.

Comme Ménélas pour Hélène,
Je brûle encor pour ses beaux yeux
Et je cours les monts et la plaine
  Tout soucieux.

Un nuage couvre les cieux,
Mais bientôt, sous le vent qui passe,
Au fond de l'éther radieux
  Fuit et s'efface.

Rien ne peut effacer la trace
De mon douloureux souvenir,
Je vais pleurant et rien ne chasse
  Mon déplaisir.

Or çà, je n'ai plus qu'à mourir,
Regardez ma face blêmie,
Si ne venez me secourir,
  Ma gente amie.

L'auditoire applaudit. Le gracieux Dauphin
Vante la pastourelle au tour discret et fin.
Car si dans ses descors il chanta les croisades,
Il est expert en l'art des molles sérénades.
Assalide pourtant se recueille un moment,
Puis se lève et formule ainsi son jugement :
« Chaque poète, il faut le dire en conscience,
A montré dans ses vers bonheur et sapience.
Aucun d'eux n'est vaincu dans l'amoureux tournois.
Mais je ne puis donner le prix à tous les trois.
Le lys pur et sans tâche, à la fleur demi-close,
Revient à Maenzac; à Saint-Didier, la rose;
A Peyrols qui sait bien regretter, le souci ; »
Et les trois cantadors répondirent : « Merci. »

LE PAS D'ARMES

A PAUL BOURGET

> Les pas d'armes, au moyen âge, sortes de tournois qui avaient pour objet de défendre, soit un chemin ou un sentier de forêt, soit un passage en rase campagne.
>
> Littré.

Gaspard de Canillac, seigneur de haut lignage,
Gouverne par le vol, le meurtre et le pillage.
Il est hautain, cruel, déloyal et félon.
On voit avec terreur flotter son gonfalon,
Quand, de son vieux castel debout sur une roche,
Il descend dans la plaine. On tremble à son approche
Et l'on fuit si l'on peut. Car il a maintes fois
Rançonné les marchands et pillé les bourgeois.

Les paysans ont peur de lui comme du diable.
Seuls, les petits enfants le trouvent pitoyable.
Ayant perdu son fils fort jeune, il s'attendrit
Devant un frais minois d'enfant qui lui sourit.
Mais cela dure peu. Son humeur est fantasque.
Il déploie un gerfaut essoré sur son casque.
Fort grand clerc, il détrousse un prêtre en bon latin,
Ad majorem Dei gloriam. Le butin
N'est pas tout. Il lui faut des rencontres choisies
Et pour passer le temps il a des fantaisies.

Un jour sur le chemin qui borde le coteau,
Il a fait par ses gens dresser un écriteau
Portant ces mots qu'on lit avec effroi : « Quiconque,
Serait-il Jupiter ou Vénus dans sa conque,
Serait-il prince ou duc, pape, empereur ou roi,
S'il franchit ce poteau périra devant moi.
Mais si l'un a passé, les autres sans encombre
Passeront à leur guise et quel que soit leur nombre. »
Cela fait, escorté de ses trois confidents,
Fort honnêtes soudards armés jusques aux dents,

Dans un bois dominant le chemin et la plaine,
Il s'est mis en arrêt à l'ombre d'un grand chêne.

Le jour se lève. C'est un beau matin d'été.

Le premier qui se voit par l'obstacle arrêté
Est un pauvre manant qui gagne à pied sa vigne.
Bien qu'il comprenne mal la défense, il se signe
En déchiffrant au bas le nom de son seigneur,
Et rebroussant chemin le pauvre travailleur
Va faire un long détour sans songer à se plaindre.
« Cet ordre est net et bref, gardons-nous de l'enfreindre, »
Dit un prêtre qui vient après lui. « Salomon
Fut prudent. Soyons sage et fuyons le démon. »
Puis des marchands, portant à la ville prochaine
Étoffes de velours et draps de tiretaine,
Reculent en lisant l'écriteau menaçant.
« Le comte, dit l'un d'eux, voulant faire un présent,
M'acheta l'an dernier un pièce de soie
Magnifique, où l'or pur en festons se déploie,

Qu'il devait me payer trente livre tournois
Avant la Chandeleur. J'attends depuis dix mois
Et je n'ai pas encor reçu la moindre obole.
Mais le sire aujourd'hui pour sûr tiendrait parole.
Retournons sur nos pas. » Rentrant à son couvent,
Un bon moine s'avance, indolent et rêvant,
Sur son âne chargé des produits de sa quête.
Circonspect par instinct, soudain l'âne s'arrête.
A le voir, on dirait qu'il flaire un châtiment
Et tremblant, il se met à braire horriblement :
« Doux Jésus, dit le moine, en lisant la défense,
Suis-je fol ou poète, ou tombé-je en enfance?
Sans mon âne, j'allais franchir ce pas mortel.
Allons d'où nous venons, puisque cet ordre est tel. »
Et sans chercher à voir la fin de l'aventure,
Tournant bride, il s'enfuit au trot de sa monture.

Puis vinrent des soldats, des femmes, des bourgeois ;
Et tous s'arrêtaient court devant l'étrange croix
Qui sinistre prenait de faux airs de potence,
Puis s'en allaient, tournant le dos avec prudence;

Si bien que, la nouvelle au loin se répandant,
On voyait dans la plaine une foule attendant
Que quelqu'audacieux eût renversé l'obstacle.
Et le sire riait de ce joyeux spectacle.

Tout à coup, paraissant au-dessus du hallier,
Voici venir là-bas un jeune chevalier,
Montant un fin coursier blanc d'écume. Il approche.
Son nom est Aycelin, vicomte d'Auteroche.
Il est connu pour brave et fier, et maintes fois
Il s'est vu proclamer vainqueur dans les tournois.
Il porte à son brassard les couleurs de sa dame.
Le comte, en le voyant, saisit la forte lame
De sa dague. Il sait bien que, franchissant le pas,
Ce hardi chevalier ne reculera pas,
Et pour être à portée il descend la colline;
Quand un petit enfant, d'une ferme voisine
S'échappe en gambadant à travers les sillons,
Courant sur le chemin après les papillons,
Jeunesse et grâce près de la force brutale,
Et sans crainte atteignant la barrière fatale,

Malgré les cris d'effroi de sa mère, pareil
A l'oiseau qui voltige et qui chante au soleil,
Dépasse le poteau, malgré l'ordre du comte.
Le seigneur en jurant exprime son mécompte,
Il regarde la scène et demeure interdit.
Alors un des soudards d'un ton rude lui dit :
« Cet enfant t'a bravé, Sire, je vais lui tordre
Le col ou le couper en deux, suivant ton ordre. »
Mais Gaspard lui répond : « Non, je te le défends.
Nous a-t-on jamais vus égorger les enfants,
Comme Hérode qui fut empereur de Judée. »

Et la foule voyant la défense éludée,
Clercs, moines et marchands qui d'abord avaient fui,
L'enfant ayant passé, passèrent après lui.

LA PIERRE QUI DANSE

A FRANÇOIS COPPÉE

C'étaient de vieilles tours gothiques
Se cramponnant au flanc des monts.
Des bandits ou mieux des démons
S'abritaient sous leurs murs antiques.
Ils y menaient joyeux déduit,
Tout fiers de leur indépendance.
Or, quand vient Noël, à minuit
On peut voir la *pierre qui danse*.

La dague au poing et sans scrupule,
Ils allaient pillant au hasard.
Leur seigneur était Théodard,
Vaillant bandit, fort comme Hercule,
De ces rocs farouche produit,
Sans aïeux et sans descendance.
Or, quand vient Noël, à minuit,
On peut voir la *pierre qui danse.*

Quand il sortait avec sa horde,
Il ravageait tout le canton,
Et bourgeois et marchands, dit-on,
En vain criaient miséricorde.
Que de filles il séduisit !
Mais il lassa la Providence.
Or, quand vient Noël, à minuit,
On peut voir la *pierre qui danse.*

Un soir de décembre, la bise
Sifflait dans les tours du château.
Les monts avaient leur froid manteau.
Au son des cloches de l'église,

Les manants, quittant leur réduit,
Du Christ célébraient la naissance.
Or, quand vient Noël, à minuit,
On peut voir la *pierre qui danse*.

Pendant qu'à genoux prosternée
La foule était en oraisons,
Théodard hurlait des chansons,
Et toute sa troupe damnée,
S'esbaudissant autour d'un muid,
Dansait et buvait sans prudence.
Or, quand vient Noël, à minuit,
On peut voir la *pierre qui danse*.

Tout à coup la fête est troublée.
Sur le seuil se dresse un vieillard :
« Tremble, dit-il, ô Théodard,
Et toi, criminelle assemblée,
Par saint Genest qui me conduit,
Si tu ne fais point pénitence... »
Or, quand vient Noël, à minuit,
On peut voir la *pierre qui danse*.

« Par le diable, assez de prière,
Homme au froc, répond Théodard.
Aussi vrai que je suis bâtard,
Tu vas prêcher dans la rivière.
Moine, on me sert ou l'on me fuit.
Tu mourras pour ton imprudence. »
Or, quand vient Noël, à minuit,
On peut voir la *pierre qui danse*.

Le vieillard, redressant la tête,
Étendit gravement la main.
« Malheur à vous ! » dit-il. Soudain,
Les murs brisés par la tempête,
S'écroulèrent avec grand bruit...
Puis tout rentra dans le silence.
Or, quand vient Noël, à minuit,
On peut voir la *pierre qui danse*.

De cette infernale demeure,
Il ne resta qu'un gros rocher.
Gardez-vous bien d'en approcher ;
Car, chaque année, à la même heure,

Sous la blanche neige qui luit,
Ce rocher se meut en cadence.
Or, quand vient Noël, à minuit,
On peut voir la *pierre qui danse.*

LES DIX CHEVALIERS

Pour combattre un parti de trois cents Brabançons
Qui foulent sous leurs pieds nos prés et nos moissons,
Ils sont dix chevaliers d'Auvergne aux noms superbes.
Leurs montures traçant des sillons dans les herbes,
Se pressent. Car voici le moment opportun,
Pour occir les soudards affreux de Raymond Brun.

Renaud des Achilous, bailli de la montagne,
S'élance au premier rang, sur son genêt d'Espagne.
Près de lui, Josselyn, vicomte de Sémier,
Gouvernant du genou son fougueux destrier,

Porte des coups d'épée à fendre des murailles.
Grave sous son haubert, le marquis d'Escorailles
Monte un pur alezan caparaçonné d'or.
Guy de Douhet, pareil au cid Campéador,
Dirige un fier coursier prompt comme une avalanche.
Hugues de Tournoël, avec sa mule blanche,
Semble un enfant. Plus loin, sur un lourd percheron,
Chevauche un beau vieillard, Marc de Rochebaron.
Le sire de Latour, au fort de la mêlée,
Pousse sa jument noire à la tête étoilée.
Le cheval de Salers est tout couvert d'acier
Brillant, comme celui d'Astorg de Montboissier.
Quant à Gaspard de Besse, avide de carnage,
Il se rue au combat sur un taureau sauvage.

COURTOISIE

A ARMAND D'ARTOIS

I

Bonnebaut-Bonnelance erre dans la campagne.
Il chevauche à travers les blés de la Limagne
Semblant chercher quelqu'un. C'est un beau chevalier
Qui vient, avec Géraud, sire de Boutelier,
Du Bourbonnais pour faire aux Anglais rude chasse.
Il a vingt ans à peine. Il est fier, plein d'audace
Et charmant. Mais déjà la souffrance d'amour
A pâli son front. Or, la veille de ce jour,
La dame dont le cœur est plus dur qu'une roche
Et qui ne permet pas que Bonnebaut l'approche,
Lui dit : « Je souffrirai que vous baisiez ma main,
Si vous me ramenez un prisonnier demain. »

II

Bonnebaut, escorté de ses dix hommes d'armes,
Ne voyant rien venir, versait presque des larmes.
Devant lui, tout à coup, obstruant les sentiers,
Se dressèrent cinquante Anglais : « Sus aux routiers ! »
Cria-t-il, bien qu'il vit la partie inégale.
Le grillon se blottit dans l'herbe et la cigale
Cessa son chant, au bruit terrible de l'estoc
Du chevalier brisant les morions. Le choc
Fut sanglant. Bonnebaut, tuant d'une main preste
Trente des compagnons, fit prisonniers le reste ;
Et, suivi des routiers, vers sa dame il revint :
— « Sur la joue un baiser, ma dame, en voici vingt. »

LA PRISE DE MONTFERRAND

A ARMAND SILVESTRE

Je serai bref, véridique et précis.
C'est en l'an mil trois cent quatre-vingt-six
Que, nuitamment, fut surprise et pillée
La ville forte et bien embastillée
De Montferrand. Fière de ses remparts
Et des lys d'or ornant ses étendards,
Près de Clermont la ville épiscopale,
Elle dressait sa haute tour ducale,
Son vieux chastel, ses murs et ses clochers.
Se croyant bien à l'abri des archers,
Des lansquenets et de tous hommes d'armes,
Elle vivait paisible et sans alarmes.

Sans redouter, derrière ses marais,
Ni les routiers, ni les soudards anglais,
Elle voyait confiante et hautaine
Paisiblement couler la Tiretaine.
Qui pouvait donc prévoir un tel malheur?

Or, quelques jours après la chandeleur,
Par une nuit froide, venteuse et sombre,
Sournoisement, sans bruit, glissant dans l'ombre,
Vers Montferrand marchaient trois cents routiers.
Armés, casqués, tous : arbalétriers,
Hommes de pied, cavaliers portant lance,
Par les sentiers cheminaient en silence,
Ou chevauchaient dans le brouillard épais,
Leur chef étant Perrot le Béarnais.

Les Jacquemards avaient sonné dix heures.
Les bons bourgeois rentrés dans leurs demeures
Entre leurs draps se glissaient doucement,
Bénissant Dieu d'avoir bon logement,

Bon feu, bon lit, par ce temps effroyable.
Seul dans la rue errait un pauvre diable
D'ivrogne ou bien quelque jeune muguet.
Bertrand Feydit, capitaine du guet,
Ayant bouclé son pourpoint de futaine
Et mis ses longs souliers à la poulaine,
Allait partir pour veiller aux remparts.
Sa femme alors dit : « Mon ami, tu pars,
Quel temps affreux ! Il fait un noir de suie. »
Sur le vitrail on entendait la pluie
Qui clapotait; et le vent mugissait.
Le capitaine à part lui gémissait :
« Quel triste honneur d'aller monter la garde,
Lorsqu'une épouse aimante vous regarde,
Près d'un feu clair sur les chenets rougis,
Et qu'on se sent si bien dans son logis.
Par saint Avit ! Que le diable m'emporte
S'il est besoin d'aller garder la porte
De la cité, par ce temps de sorcier.
Il vente ; il pleut. J'irais rouiller l'acier
De mon haubert et faire la parade,
Quand rien ne bouge. Et quel batteur d'estrade,

Quel tard-venu, routier ou malandrin
Songe à cette heure à prendre le serein?
Restons chez nous tranquille, et que la bise
Siffle aux remparts et sur le pont de Bise. »
« Jehan, dit-il, approche, viens céans.
(C'était son fils, garçonnet de quinze ans)
Ceins ma rapière et remplace ton père.
Vers les remparts, tu trouveras, j'espère,
Les vingt bourgeois de garde cette nuit.
Prends le chemin Gaultier, qui te conduit
Jusqu'à la tour de Belreguard. Évite
Les escholiers et les voleurs. Va vite
Et reviens-t'en. Que je puisse savoir
Si les bourgeois du guet font leur devoir. »
Jehan tout fier de porter la rapière
Sort en prenant une allure guerrière,
Et cheminant vers la porte à grand pas,
Au lieu de vingt trouve quatre soldats.
Ces braves gens de la milice urbaine,
Ne voyant pas venir leur capitaine,
Transis de froid, songeaient qu'en leur maison
Ils seraient mieux près d'un rouge tison.

« Jehan, dit l'un, mon mignon, ce repaire
Est fort malsain. Ne dis rien à ton père
Et nous irons nous mettre sur le flanc
Dans un bon lit. Tiens, je te donne un blanc.
Chacun de nous te donne égale somme. »
Ces quatre blancs séduisent le jeune homme.
« Marché conclu, » dit-il, et les bourgeois
Dans leurs maisons rentrant en tapinois,
Laissent l'enfant seul gardien de la porte.
Lorsqu'il se voit isolé de la sorte
Jehan n'est plus si fier et n'osant pas
Incontinent revenir sur ses pas,
Va dépenser, que le ciel lui pardonne !
Ses quatre blancs, hôtel de la Couronne.

Pendant ce temps, Géronnet Ladurant,
Par ruse entré la veille à Montferrand
Comme un marchand arrivant pour la foire,
Observait tout, glissant dans la nuit noire,
Le long des murs. Lorsqu'il eut vu le guet
Se disperser et Jehan qui trinquait,

Faisant sonner ses blancs hors de sa bourse,

Vers les remparts, rapide il prit sa course.

Du haut des murs, promenant son regard,

Il entrevit tout près dans le brouillard,

Le Béarnais et sa nombreuse escorte.

A son signal se ruant sur la porte,

Les compagnons l'ouvrirent ; et bientôt,

Avec ses gens, le Béarnais Perrot,

Sans coup férir, passa le pont de Bise ;

Et les routiers crièrent : ville prise !

Leur voix stridente éclate dans la nuit ;

Et, s'avançant en hâte, ils font grand bruit,

Criant, frappant. Cette rumeur lointaine

Fait tressaillir le jeune capitaine.

Il se repent d'avoir si tôt quitté

Le guet, laissant ouverte la cité ;

Et, se levant, il court plein de courage

Vers les fossés d'où vient tout ce tapage.

Il voit bientôt, sous l'ombre des pignons,

En rangs serrés, marcher les compagnons

Qui vont barrant la ruelle déserte.
Sans hésiter, il crie : alerte, alerte !
Et brandissant sa rapière, il défend
A l'ennemi de pousser plus avant...

Mais un routier le perça de sa lame ;
Et, s'affaissant, le pauvret rendit l'âme.

ARGUMENT AD HOMINEM

Aimerigot-Marchèz au sommet de la tour
Surplombant le roc noir, regardait tour à tour
Son prisonnier et puis l'abîme épouvantable :
« La mort la plus rapide est la plus agréable,
Disait-il. Saute donc là-bas pour en finir. »
Giraudon hésitait. « Tu ne veux pas mourir.
Tu trembles. Voyez-vous cette poule mouillée.
Il a peur de briser sa cuirasse rouillée.
Un pas à faire et tout est dit. L'éternité
Vous ouvre ses deux bras, ainsi qu'une beauté.
C'est charmant. Un, deux, trois. On s'approche. On s'élance.
Cela vaut-il pas mieux que la dague ou la lance?
Saute donc. Tu verras le plaisir qu'on ressent. »
Giraudon s'écria : « Je vous le donne en cent. »

LA MORT D'UN ROUTIER

A ANDRÉ THEURIET

1

Le baron Cordebœuf de Montcervier, seigneur
De Chalucet, de Vall, d'Alleuse, de Mercœur
Et d'autres lieux, sentant venir l'heure dernière,
Depuis quatre-vingts ans qu'il voyait la lumière,
Se recueillit enfin pour la première fois.
Dans la salle où les murs racontaient ses exploits,
Ne voulant pas mourir au lit, comme une femme,
Et pensant qu'il faut être armé pour rendre l'âme,

Cuirassé, heaume en tête, et fier, par un beau soir,
Dans sa chaire au dossier de chêne, il vint s'asseoir.
Un clair soleil entrait par la fenêtre ouverte.
Le ciel pur, les monts bleus et la campagne verte
Étincelaient au loin. Tout près, la grosse tour
Du château, remplissant d'ombre l'étroite cour,
Était morne à côté de ce frais paysage.

Autour de lui, prenant leur rang suivant l'usage,
Se tiennent serviteurs, lieutenants et soldats,
Visages de bandits, profils de renégats,
Chez qui la gravité dégénère en grimace.
Ce sont : Guy le Mauvais, Curbaran-rouge-face,
Gaspard-buveur-de-sang, Huc dit l'Ours du Cantal,
Charlus, Aymerigot, Badafol le Brutal,
Et vingt dont les noms seuls font dresser la potence.
Car avant de mener cette noble existence,
Ces braves gens faisaient un tout autre métier,
Le baron Cordebœuf lui-même étant routier.

II

Ce vaillant détrousseur, chevalier d'aventure,
Prétendant n'obéir qu'aux lois de la nature,
Pensait qu'il était bon de prendre où l'on trouvait.
Jeune et s'étant donné lui-même le brevet
De capitaine, il vint rançonner sans vergogne,
D'accord avec l'Anglais, la Marche et la Gascogne.
Plus tard, il guerroya, semant partout l'effroi,
Pour le Dauphin d'Auvergne, ou bien au nom du roi.
Au hasard il allait, avec ses deux cents re'tres,
Dépouillant les bourgeois, les nobles et les prêtres,
Et se faisant un jeu de brûler en passant
Les châteaux, les couvents, les villages, forçant
Les filles et les forts suivant la circonstance.
Quand il se sentit las, il vint à repentance.
L'Église le reçut dans son vaste giron
Et le roi, lui donnant un fief, le fit baron.

Depuis lors, il vécut saintement, comme un sage,
Ayant le droit de chasse et le droit de cuissage,
Satisfait de courir les monts et les forêts,
Avec ses chiens et ses trente coupe-jarrets,
Et parfois s'oubliant, outre quelques maraudes,
Jusqu'à pendre un marchand, sous prétexte de fraudes.

III

Or, ayant réuni ses gens autour de lui,
Il leur dit : « Compagnons, mes frères, cejourd'hui
Sera mon dernier jour. Je sens mon heure proche.
Le chêne de nos bois semble éternel. La roche
Paraît devoir durer toujours. Mais, à leur tour,
Le chêne et le rocher disparaissent un jour.
Je suis moins dur qu'un roc et ne vaux pas un chêne.
Voici mes volontés dernières. Mon domaine
Retourne au roi de qui je le tiens; c'est fort bien.
Quant aux trésors cachés dans ce coffre, mon bien,

Dont nul ne peut nier la juste provenance,
J'entends les départir selon ma convenance.
Je lègue un ostensoir et deux cents moutons d'or
A l'église du bourg voisin. J'ordonne encor
Que vous portiez, chacun de vous tenant un cierge,
Un manteau d'osterin à Madame la Vierge.
Pour Dieu ! N'oubliez pas ma mie au frais minois.
Vous lui compterez cinq mille livres tournois,
Et mon vieux chapelain, pour me dire des messes,
Prendra trois cents florins et tiendra ses promesses.
Pour le reste, joyaux, lingots d'or et d'argent,
Vous auriez trop à faire en vous le partageant. »
A ces mots, sa voix faible expira sur sa bouche.
L'auditoire devint lugubrement farouche,
Chacun déguisant mal son désappointement.
« Je défends que l'on pleure à mon enterrement,
Dit le vieillard, jadis nous allions par la plaine,
Amis, joyeux de vivre et l'escarcelle pleine.
On festoyait alors du soir jusqu'au matin.
Le jour on guerroyait pour faire du butin
Et l'on prenait d'assaut les villes crenelées.
Ah ! C'était le beau temps des sanglantes mêlées ! »

Ce disant, un éclair traversa son esprit
Et jetant une clé dans la cour, il reprit :
« Voici la clé du coffre et qui la veut la gagne. »

Comme des blocs lancés du haut d'une montagne,
Les routiers, lieutenants, soldats et bandoliers,
Roulent, la dague en main, le long des escaliers,
Jusqu'à la cour pavée où le combat s'engage.
Autour de la clé, tous s'escriment et font rage,
Trouant les bassinets d'acier, croisant le fer,
Frappant, hurlant, faisant un vacarme d'enfer,
Sans songer au baron seul dans la grande salle.
Lui, calme, redressant sa taille colossale,
Se lève et pour mieux voir fait un suprême effort.
Debout, sans tressaillir, il sent venir la mort,
Et joyeux, s'appuyant le dos à la muraille,
Il meurt en souriant au bruit de la chamaille.

UN MARTYR AU XVIᵉ SIÈCLE

A JEAN AICARD

I

L'Europe s'éveillait et la pensée humaine
Si longtemps prisonnière allait rompre sa chaîne.
Jours de lutte et de sang pleins d'ombre et de soleil !
Déjà la Renaissance et son éclat vermeil
Avaient illuminé la nuit sombre du cloître.
L'esprit voulait enfin s'affranchir et s'accroître,
Et, bravant l'empereur et le pape et l'enfer,
De sa voix d'ouragan tonnait Martin Luther.

A Rome, on redoutait cette voix ironique,
Et dans Worms, escorté de l'ordre Teutonique,
Il entrait, accusé, comme un triomphateur.
O spectacle inoui ! Devant le novateur,
Charles-Quint méditant sur le néant des choses,
Léon Dix inquiet dans ses apothéoses,
Un moine révolté plus fort qu'un Médicis !

Or, c'était vers l'an mil cinq cent quarante-six.
La réforme gagnait l'Auvergne ; et, dans Issoire,
Ville ancienne qui tient sa place dans l'histoire,
L'esprit nouveau faisait son œuvre obscurément.
Quelques bourgeois, marchands ou consuls, par serment
Avaient juré de croire aux leçons du sectaire.
Réunis chaque soir, dans l'ombre et le mystère,
Ils commentaient la Bible et le texte sacré.
Un d'eux était Jehan Brugière, homme honoré
Pour sa vertu, cœur droit, âme loyale et pure.
Abhorrant le mensonge et fuyant l'imposture,
Ce vieillard simple et bon pleurait, comme un enfant,
De voir le vice absous et le mal triomphant :

Au sommet, les seigneurs radieux dans le crime;
Le peuple, en bas, courbé sous le cens et la dîme,
Pâle, meurtri, souffrant, en vain criant : merci ;
Et l'Église, estimant que c'était bien ainsi,
Au lieu de réprimer la haine et les vengeances,
Pour la gloire de Dieu, vendant ses indulgences.
L'esprit enveloppé comme dans un linceul
Brugière regardait ces hontes, triste et seul ;
Et dès qu'il vit au loin de clairs rayons éclore
Dans l'ombre, il y courut comme vers une aurore.

II

Mais l'inquisition veillait. Les Parlements
Contre les Huguenots inventaient des tourments,
Prescrivant de traquer partout les hérétiques,
Et Rome bénissait en chantant des cantiques.
C'est la loi. Jésus-Christ en mourant sur la croix
Subjugua l'univers entier, peuples et rois.

Les martyrs, affrontant les tigres et les hyènes,
Firent partout germer les doctrines chrétiennes.
Car le persécuteur, en frappant l'innocent,
Ne voit pas l'avenir qui fleurit dans le sang.
Bientôt on arrêta les réformés d'Issoire.
Jehan Brugière était d'une vertu notoire
Et partant son forfait d'autant plus odieux.
Horreur ! Il croyait Dieu miséricordieux.
Il niait le pouvoir des pieuses images,
Et refusait aux saints un culte et des hommages.
On l'avait vu lisant des livres prohibés.
Il ne saluait plus assez bas les abbés
Et n'avait pas voulu dénoncer ses complices !
Lui, calme, le front haut, et bravant les supplices,
Quand tous ses compagnons, devant les gens du roi,
Tremblaient, d'une voix ferme il confessa sa foi.
Pouvait-on dans le mal s'obstiner de la sorte ?
Donc on l'emprisonna. Puis, sous nombreuse escorte,
Il fut conduit devant le procureur royal,
Comme blasphémateur, félon et déloyal.
Enfin il comparut devant la chambre ardente,
Dont la sinistre horreur manque à l'Enfer du Dante

Et, comme il affirma sans trouble et sans regret
Sa croyance, la Cour ordonna par arrêt :
Qu'ennemi de l'Église et couvert d'anathèmes,
Pour ses crimes, erreurs, maléfices, blasphèmes,
Maudit par Rome et plus méprisable qu'un Juif,
Il devait, dans Issoire, être *ars et bruslé vif*.

III

Le moment du supplice est venu. Sur la place,
Se pressent bourgeois, clercs, nobles et populace,
La soirée étant belle et le ciel azuré.
L'heure fatale est proche et tout est préparé.
Ainsi que le prescrit la suprême sentence,
Au milieu du marché se dresse la potence
Exécrable, où la veille on pendit un voleur.
Mais pour Brugière, il faut prolonger la douleur.
Une chaîne de fer s'enroule à la poulie,
Afin que fortement l'exécuteur le lie

Et qu'il soit suspendu vivant sur le bûcher.
Une torche allumée est aux mains d'un archer.
Alentour, des soldats armés de hallebardes
Forment la haie. A droite, entouré de ses gardes,
Le lieutenant du roi, d'un air indifférent,
Cause avec le seigneur bailli de Montferrand.
Qu'est-ce donc après tout que de brûler un homme?
A gauche, le prélat inquisiteur de Rome
Regarde impatient, sous un dais brodé d'or,
Le bûcher que le feu n'embrase pas encor.
Des moines près de lui, mornes sous leur cagoule,
Récitent un verset funèbre. Au loin, la foule
Se coudoie et se pend aux arbres pour mieux voir.
Le silence profond, dans le calme du soir,
Est à peine troublé par quelques sourds murmures,
Et le soleil couchant fait briller les armures.

Bientôt le réformé, sur un noir tombereau,
Apparaît debout, seul, revêtu d'un sarrau,
Ainsi qu'un parricide et les mains enchaînées.
Le front nu, ses cheveux blanchis par les années

Lui font une auréole. Il sourit, calme et fort.

D'un regard pacifique il contemple la mort

Et le sombre cortège arrête enfin sa marche.

A l'aspect du vieillard, beau comme un patriarche,

Dans la foule circule un long tressaillement.

Lui, descend noble et fier, sans aide et gravement

Franchit l'étroit chemin qui le mène à la tombe.

Soudain l'exécuteur fait un faux pas et tombe.

Alors, doux, et tournant vers ce bourreau ses yeux

Célestes, que déjà le jour mystérieux

De l'immortelle vie emplissait de lumière :

« Ne vous êtes-vous point blessé ? » lui dit Brugière.

A BLAISE PASCAL

> Le silence éternel de ces espaces infinis m'effraye
> PASCAL, *Pensées.*

Ils sont grands ceux qui vont sur de lointains rivages,
Affrontant le soleil torride et les naufrages,
Pour donner un nouvel essor au genre humain,
Même quand terrassés au milieu de leur tâche,
Ces hardis voyageurs, qui luttent sans relâche,
S'arrêtent impuissants et meurent en chemin.

Ils sont plus grands encor ceux qui, dans les espaces
Où la philosophie a laissé quelques traces,
Vagues jalons guidant vers l'être essentiel,
Osent aller, bien loin de la terre et des choses,
Scruter l'immensité, les destins et les causes,
La volonté suprême et l'enfer et le ciel.

Entreprise inouïe ! Au milieu des ténèbres,
Dans un monde inconnu semé d'écueils funèbres,
Avec un œil humain chercher la vérité !
Quel téméraire effort ! Mais quel rêve sublime !
Ce voyage qui n'est qu'une course à l'abîme,
Ce voyage effrayant, Pascal, tu l'as tenté.

Tu ne comprenais pas la molle indifférence.
Après avoir sondé la vie et la science,
Tes regards se portaient vers l'énigme des cieux.
Plein d'amour et de foi, tu doutais pour mieux croire ;
Car tu ne pensais pas, lorsque la nuit est noire,
Qu'il est bon de dormir ou de fermer les yeux.

Tu regardais le ciel et parfois, dans l'espace,
Une clarté rapide illuminait ta face.
Tu marchais, résolu, vers le gouffre béant.
Là, mêlés, tu voyais la mort, l'homme qui souffre,
L'âme, la prescience et, sur les bords du gouffre,
Deux mots mystérieux : Éternité, Néant.

Énorme entassement de problèmes sans nombre,
Hypothèses, espoirs qui se heurtent dans l'ombre,
Comme de noirs rochers dans la nuit confondus !
Dédale inexploré, méandre inextricable,
Précipices sans fond ! Sur l'abîme insondable
Tes regards, ô Pascal, se fixaient éperdus.

Voilà ton élément, voilà ta gloire insigne.
On vante ta douceur et ta candeur de cygne,
Mais c'est le grand chercheur qui reste triomphant.
La science, pour toi, comme une Isis surprise,
N'avait rien de caché. Tu l'eus bientôt conquise ;
Et pour toi ses secrets furent des jeux d'enfant.

Parfois aussi, devant le mensonge et la haine,
Et la duplicité basse de l'âme humaine,
Irrité, tu brandis un fouet strident et fier ;
Et les vendeurs du temple, abhorrant ton génie,
Furent marqués au front par ta mâle ironie.
La trace en est encor sanglante sur leur chair.

Mais toujours tu pensais à la terre promise.
Tu voulais, des hauteurs, la voir comme Moïse.
Le terrestre savoir ne te suffisait pas.
Tu rêvais d'éclairer la grande page obscure,
D'explorer le pays sans borne et sans mesure
Où ne peuvent guider ni chiffres ni compas.

Mais toujours devant toi se dressait un obstacle.
Sur les sommets, un sphinx, avec sa voix d'oracle,
Criait : « Pourquoi la grâce avec la liberté ? »
Anxieux, ne pouvant résoudre le problème,
Debout, sans reculer, tu proposais toi-même
Des problèmes nouveaux au sphinx épouvanté.

Et puis le désespoir inclinait ton front pâle.

Ta poitrine oppressée exhalait comme un râle,

Quand soudain, à tes yeux, brillait un point vermeil,

Et ranimé, puissant, par un élan suprême,

Tu croyais un instant contempler Dieu lui-même,

Comme l'aigle, en planant, regarde le soleil.

O belle âme saignante! O pensée agitée!

Tu fus dans ta douleur, plus grand que Prométhée.

Si tu voulus aussi ravir le feu sacré,

Le blasphème jamais ne sortit de ta bouche,

Et pourtant, longuement, comme un vautour farouche,

Le doute s'acharna sur ton flanc déchiré.

Autrefois dans Florence on vit passer le Dante.

L'exilé formidable à la parole ardente

Cheminait, le front sombre et le sourire amer.

Alors, comme saisi d'une terreur secrète,

Le peuple, avec effroi regardant le poète,

Disait : « Voilà celui qui revient de l'enfer. »

En proie à ton génie, ô Pascal, l'homme rêve.
Sa raison se révolte et son âme s'élève.
Effrayé de ton œuvre et se sentant banni
Loin de la vérité qu'il brûle de connaître,
Il dit : « Lui seul franchit les limites de l'être
Et put, vivant encore, entrevoir l'Infini ! »

UNE RÉPONSE DE LA FAYETTE

Brandiwyne, Monmouth, York-Town, lutte héroïque !
Le jeune défenseur de la jeune Amérique
La Fayette rentrait en France triomphant.
Paris applaudissait ce héros presqu'enfant,
Qui, prodiguant son or, de sa vaillante épée,
Avait tracé, comme en jouant, une épopée.

Alors, il vint revoir le doux pays natal
L'Auvergne, et Chavaniac, vieux château féodal,

Où tout jeune il rêvait déjà guerre et batailles.

Dès l'enfance orphelin, sous ces hautes murailles,

Solitaire, il avait vécu ses premiers jours.

Heureux de retrouver les fossés et les tours

La ferme et le jardin et les toits du village,

Il contemplait souvent ce calme paysage,

Se rappelant ses jeux, ses ennuis, ses plaisirs,

Bien plus préoccupé de ces chers souvenirs

Que du produit exact de son vaste domaine.

Or, un soir, il songeait, seul, à l'ombre d'un chêne,

Quand son vieil intendant, qui cherchait le moment

Opportun, s'approchant lui dit très humblement :

« Si Monsieur le Marquis voulait bien le permettre,

J'aurais un sérieux projet à lui soumettre.

Le seigle et le froment emplissent nos greniers.

On pourrait s'en défaire et vendre à beaux deniers ;

Car dans tous le pays la disette est notoire.

Il faudrait remonter assez loin dans l'histoire

Pour trouver en Auvergne un temps plus malheureux.

Le blé manque. Il serait vraiment peu généreux

De garder tout ce blé. Mais je devais attendre
Les ordres de Monsieur le Marquis pour le vendre. »
La Fayette, à ces mots, sans plus examiner,
Répondit : « C'est le vrai moment de le donner. »

LE DÉNOMBREMENT

Auvergne ! Auvergne ! A toi mes vers et ma pensée.
J'entrevois les splendeurs de ta gloire passée,
Et je rêve aux vaillants guerriers bardés de fer,
Aux pairs de Charlemagne, à l'indomptable race
De tes preux qui, portant le heaume et la cuirasse,
    Auraient lutté contre l'enfer.

Je vois le pape Urbain présidant le concile.
Je vois Pierre l'Ermite et la foule docile,
Courbant le front devant l'apôtre de la foi,
Puis criant : Dieu le veut ! d'une voix inspirée
Et suivant vers Jaffa, Damas et Césarée
    Le gonfanon de Godefroy.

Voici les troubadours chantant sur la mandore
L'ombre de la vesprée ou les pleurs de l'aurore ;
Le vainqueur du tournoi brillant sous le haubert ;
Les fauconniers chassant l'autour au vol rapide
Et Peyrols soupirant pour la belle Assalide
    A la cour du dauphin Robert.

Et je veux évoquer les héros dont nous sommes
Les fils reconnaissants, capitaines, grands hommes,
Gloire du sol français et du pays natal,
Ceux qui, par leurs vertus, leurs écrits, leur vaillance,
S'illustrèrent. Voici les chanceliers de France,
    Flotte, du Bourg et l'Hospital ;

Savaron, magistrat intègre et sans faiblesse,
Qui seul devant le roi, le clergé, la noblesse,
Aux États généraux soutint les droits du tiers ;
Le sévère Domat, pour qui la loi Romaine
Doit suivre le progrès de la raison humaine
    Et Pascal dont nous sommes fiers ;

Pascal! Ardent penseur, savant, esprit, génie,
Dont l'œil voulut sonder la puissance infinie,
Créateur sans rival et rêveur surhumain,
Qui, ne dédaignant pas les choses de la terre,
Sur nos sommets trouva le poids de l'atmosphère
    Et qui nous trace le chemin ;

Puis les grands écrivains dont la France s'honore :
L'ami de Richelieu, Sirmond ; Boissy, Dulaure,
Danchet et Du Belloi ceignant le vert laurier ;
Thomas, plein de candeur, qui chanta Jumonville,
Et cet esprit mordant, Chamfort ; l'abbé Delille,
    Chabrol, Barante et Montlosier ;

Et ceux qui répandaient leur sang dans les batailles,
Les d'Estaing, les Mercœur, les Montaigut, les Noailles,
Les Dienne, dont l'Auvergne admira les hauts faits ;
Et celui dont le sang féconda l'Amérique,
La Fayette ; Delzons, capitaine héroïque,
    Et le sultan juste, Desaix !

Et tant d'autres, savants ou guerriers redoutables,
Lieutenants généraux, maréchaux, connétables,
Légistes dont l'histoire a conservé les noms.
Tous sont là réunis, majestueux ou sombres
Et je les vois passer comme ces grandes ombres
Qui marchent sur le flanc des monts.

AU PUY-DE-DOME

Et maintenant, ô mont sublime !
Un autre honneur t'est réservé.
Un temple nouveau, sur ta cime,
Pour ta gloire s'est élevé.
La divinité qui l'habite,
Souvent méprisée et proscrite,
Est toujours propice aux humains.
Elle chasse l'erreur grossière
Et répand sur eux la lumière
Et les bienfaits à pleines mains.

Cette déesse aux grands génies
Se révèle comme autrefois.

Elle écoute les harmonies
De la nature et de ses lois.
Pénétrant au sein de la terre
Elle y poursuit le noir mystère
Qui s'y dérobe vainement.
C'est la Science au front superbe
Dont l'œil suit l'insecte dans l'herbe
Et l'astre d'or au firmament.

Sur la hauteur longtemps déserte
Où son pied se pose aujourd'hui,
Pour l'étude et la découverte,
Elle a choisi son point d'appui.
Elle veut soulever les voiles
De la nuit, compter les étoiles,
Contempler la neige et l'hiver,
Les soleils couchants, les aurores,
Et voir naître les météores,
Ces phénomènes de l'éther.

Accourez, ô vous qu'elle guide
Vers les éternelles clartés.

Précédés par son vol rapide
Quittez la plaine et les cités.
La vérité vous accompagne.
Gravissez la haute montagne
Où le triomphe est préparé.
Sans frayeur, comme Prométhée,
Au sein de la nue irritée
Allez ravir le feu sacré.

Et toi, montagne incomparable,
Redresse encor ton front hautain.
Ainsi qu'un aïeul vénérable
Poursuis ton glorieux destin.
Comme Teutatès ou Mercure,
Entre les cieux et la nature,
Fut le lien essentiel,
Sois pour nous un auxiliaire
Et le grand intermédiaire
Entre les hommes et le ciel !

# LIVRE DEUXIÈME

PAYSAGES ET SOUVENIRS

Souvenirs du pays, avec quelle douceur,
Hélas! vous murmurez dans le fond de mon cœur!
Couché dans les genêts, comme une jeune abeille
Vous bourdonne, en passant, ses plaintes à l'oreille,
Ou comme un grand nuage, en traversant les cieux,
De fantômes sans nombre égaie au loin vos yeux,
Souvenirs du pays, au dedans de moi-même,
Ainsi vous murmurez ; et les landes que j'aime,
Mes îles, mes vallons, mes étangs et mes bois,
S'éveillent et toujours et partout je les vois !

Brizeux. Marie.

PAYSAGES ET SOUVENIRS

LA DORE

A travers la plaine charmée,
Tu scintilles et rien d'impur
Ne trouble, Dore bien-aimée,
    Tes flots d'azur.

Comme une amante gracieuse
Qui déroule ses cheveux blonds,
Tu caresses voluptueuse
    Le pied des monts.

Sur le sable fin de tes rives
Les troupeaux viennent au matin
Et, dans les prés que tu ravives,
    Broutent le thym.

Le genêt d'or et la bruyère
Forment des festons sur tes bords.
Que de fleurs, ô blanche rivière,
    Et que d'accords !

Qui chantera tes paysages,
Tes grands peupliers frémissants,
Tes coteaux couverts de feuillages
    Eblouissants ;

Tes montagnes aux cimes blanches,
Thiers se cramponnant au rocher,
Lezoux, nid perdu sous les branches
    Et son clocher ?

Pour moi, si j'ai fait dès l'aurore
Ma gerbe autour de mon berceau,
Si maintenant je chante encore
  Comme un oiseau ;

Si j'ai pénétré le mystère
Des ondes, des monts et des bois,
Dore limpide et solitaire,
  Je te le dois.

Aussi ton nom, dans mon poème,
Semble un accord fait pour charmer
Et je voudrais comme je t'aime
  Te faire aimer.

BALLADE DES GRILLONS

A GEORGES VICAIRE

Qu'un plus habile, dans ses chants,
Célèbre Hélène et Cléopâtre,
Ou, par ses drames attachants,
Attire la foule au théâtre ;
Qu'un Gilbert ou qu'un Malfilâtre,
Moins sage que les oisillons,

A rimailler s'opiniâtre.
Moi, je chante avec les grillons.

Je m'en vais seul, à travers champs,
Admirant le lointain rougeâtre
Sous les feux des soleils couchants,
Ou bien le ciel rose et bleuâtre.
Dédaignant la foule idolâtre,
Dans le sentier des papillons,
Amoureux, songeur ou folâtre,
Moi, je chante avec les grillons.

Les grillons ne sont pas méchants.
Ils ont un petit corps grisâtre.
Leurs airs sont naïfs et touchants.
Blottis sous le gazon verdâtre,
Ils font des trilles, quand le pâtre
Traverse en chantant les sillons,
Ou s'endorment au coin de l'âtre.
Moi, je chante avec les grillons.

ENVOI

Amis, ce chant un peu douceâtre
Ne me vaudra ni médaillons,
Ni palmes, ni coupes d'albâtre.
Moi, je chante avec les grillons.

LA PRÉFÉRÉE

Les rivières s'en vont superbes. Les ruisseaux
Murmurent au milieu des fleurs et des roseaux.

Entre ses bords couverts de champs d'avoine et d'orge,
Sous les saules se cache et disparaît la Morge.

Le Vauziron léger court dans les prés fleuris,
Des murs de Chateldon aux frais coteaux de Ris.

La Durolle, au lit froid et noir, blanche d'écume
Mêle ses grondements au bruit clair de l'enclume.

La Dolore gémit comme un tendre Lignon.
Sur les rocs du Cantal se brise l'Allagnon.

Rivière aux bords heureux dont plus d'une est jalouse,
Parmi les moissons d'or passe en riant la Couze.

Ainsi qu'un fleuve Grec aimé d'Anacréon,
Aux laves de Royat bondit le Scatéon.

La Dordogne entraînant les rochers qu'elle roule
Mugit dans les ravins ombreux de la Bourboule.

Large et profond avec tes bancs de sable, Allier !
Fleuve de mon pays, je ne puis t'oublier.

Mais celle qui m'est chère et dont je rêve encore,
C'est la rivière calme aux flots bleus; c'est la Dore !

AVRIL

Avril rit dans les bois. Tout chante: Avril! Avril!
L'hiver fuit emportant son sac de feuilles sèches.
La vallée a quitté ses airs froids et revêches.
Adieu, bourrasque et vent! Bonsoir, pluie et grésil!

Tout est en fête comme après un long exil.
Le soleil rajeuni nous crible de ses flèches.
Les amandiers sont blancs. Les collines sont fraîches
Et les petits oiseaux retrouvent leur babil.

La campagne est comme une enfant qui vient de naître.
Mais tout à coup le froid reparaît comme un traître.
Le ciel reprend le deuil. Est-ce encore l'hiver?

Non. Le printemps vainqueur sourit. Le paysage
Sera plus ravissant, comme un jeune visage
Plus radieux après un souvenir amer.

———

LE PONT DE DORE

A GUSTAVE SAINT-JOANNY

La rivière est jolie et claire, sur son lit
De petits cailloux blancs, que son onde polit.
Sous les arches du pont, elle coule jaseuse
Et s'amusant, avec une allure joyeuse
A dessiner d'étroits îlots de sable fin.
Ses bords sont gais et frais. La bruyère et le thym
Y forment des tapis où dorment les bergères,
Tandis que leurs troupeaux, à travers les fougères,

Animent le pré vert de tons jaunes et roux.

Çà et là, des bouquets de saules et de houx,

Quelques touffes de joncs, des genêts, des genièvres,

Des bouleaux ; çà et là, des moutons et des chèvres

Paissant ou s'enfuyant sous l'aboiement des chiens.

Sur le bord du chemin où des bohémiens

Campent, on voit fumer un feu de branches sèches.

Des paysans, avec leurs serpes ou leurs bêches,

Suivent la route blanche et traversent le pont.

Ses quatre arches de pierre éclatent sur le fond

Bleuâtre et violet des montagnes prochaines.

Devant nous, au-dessus des ormes et des chênes,

Thiers dans l'ombre apparaît et semble se pencher

Comme un guetteur Gaulois à l'angle du rocher.

Cependant, à nos pieds, la plaine s'illumine.

Sous les derniers rayons du soleil qui décline,

La rivière se ride au doux frisson du soir ;

Et comme une petite ouvrière, au teint noir,

Court vers sa grande sœur élégante et parée,

La Durolle, à travers la plaine diaprée,

Vive et précipitée en conservant toujours
Comme un reflet des rocs entrevus dans son cours,
Et, même en plein soleil glacée et sombre encore,
Mêle son onde noire aux flots clairs de la Dore.

LA GLANEUSE

PRIX DU CONCOURS POÉTIQUE DE L'ACADÉMIE DE LA ROCHELLE
EN 1877

A JULES BRETON

Je cheminais dans un sentier
Qui serpente à l'ombre des chênes,
Seul, oubliant le monde entier,
Je cheminais dans un sentier.
L'oiseau chantait dans l'églantier
Et volait aux sources prochaines.
Je cheminais dans un sentier
Qui serpente à l'ombre des chênes.

Soudain, le long du vert taillis,
Parut une belle glaneuse.
Les champs en furent éblouis
Soudain, le long du vert taillis.
Elle allait portant ses épis
En longue gerbe lumineuse.
Soudain, le long du vert taillis,
Parut une belle glaneuse.

Le soleil dardait ses rayons
Et brûlait son col et sa bouche.
Sur sa poitrine et ses haillons,
Le soleil dardait ses rayons.
C'était la reine des sillons,
Superbe, naïve et farouche.
Le soleil dardait ses rayons
Et brûlait son col et sa bouche.

Quand elle passa près de moi
Je dis : « Bonsoir, Mademoiselle. »
J'éprouvai comme un vague effroi,
Quand elle passa près de moi.

Mais simplement et sans émoi :
« Bonsoir, Monsieur, » répondit-elle.
Quand elle passa près de moi,
Je dis : « Bonsoir, Mademoiselle. »

Elle marchait sans se hâter,
De ses pieds nus courbant les herbes.
Ne songeant pas à m'éviter
Elle marchait sans se hâter.
Qui donc eût osé l'arrêter
Cette glaneuse aux airs superbes ?
Elle marchait sans se hâter,
De ses pieds nus courbant les herbes.

Je me retournai cependant
Et je la vis parmi les branches,
Un bras levé, l'autre pendant.
Je me retournai cependant.
Elle allait sous le ciel ardent,
Robuste et droite sur ses hanches.
Je me retournai cependant
Et je la vis parmi les branches.

Longtemps, je la suivis des yeux
Se perdant... là-bas... sous les chênes...
Ravi, mais presque soucieux,
Longtemps, je la suivis des yeux.

L'oiseau triste et silencieux
Avait fui les sources prochaines.
Longtemps, je la suivis des yeux,
Se perdant... là-bas... sous les chênes...

LE BATEAU DE JOZE

AU SCULPTEUR MOMBUR

Pendant que le soleil à l'horizon se couche,
Dardant ses traits de feu, comme un guerrier farouche,
L'église, le clocher en pointe, les maisons
Du village, émergeant parmi les frondaisons,
Se profilent en noir sur la rouge lumière,
Au-dessus du coteau qui borde la rivière.

L'Allier large et profond, aux clairs scintillements,

Semble dans ses flots bleus rouler des diamants.

D'un côté, sur ses bords, les saules et les aunes

Ourlent d'un vert léger l'or fin des sables jaunes,

Que le soleil mourant crible de ses rayons.

De l'autre, c'est la plaine aux arides sillons,

Couverte de cailloux, nue ainsi qu'une grève.

Cheminant à pas lents, comme le jour s'achève,

Des paysans portant des bêches ou des faux,

Des femmes aux pieds nus ployant sous leurs fardeaux,

Des bergers ramenant les bêtes du pacage

Viennent prendre le bac pour rentrer au village.

Le bateau primitif les attend, amarré

Près des poteaux unis en croix de Saint-André,

D'où la corde noircie, au-dessus de l'eau vive,

S'étend, comme un serpent, de l'une à l'autre rive.

Un mât grossier se dresse au flanc du lourd bateau ;

Il s'appuie au cordage, et, reflété par l'eau,

Un homme est là, debout, une main sur la barre.

Mais tous sont embarqués, et, dénouant l'amarre,

Le passeur gravement donne un coup d'aviron.

On entend sa voix rude, où se mêle un juron,

Et l'agreste radeau glisse le long du câble.

Charmant tableau ! Les flots, les arbres et le sable

Étincellent. Le globe énorme du soleil

Va bientôt disparaître à l'horizon vermeil.

Les vaches et les bœufs passent l'onde à la nage.

Les uns en mugissant atteignent le rivage,

Les autres, sur les flots, lèvent leurs mufles roux ;

Et, du bord, les bergers leur lancent des cailloux.

LEVER DE LUNE

A CHARLES DE POMAIROLS

Arrêtons-nous devant le bloc de Margeride.
A la chute du jour, la grande masse aride
Est morne et ténébreuse, avec ses rochers lourds,
Ses ravins déchirés et les grondements sourds
De son torrent roulant sinistrement dans l'ombre.
Pas une étoile au ciel. Le paysage est sombre
Et le profil des monts s'estompe vaguement.
Soudain, une lueur, comme un commencement
D'incendie, apparaît au-dessus de la crête
De la haute montagne. On distingue l'arête

Qui se détache en noir sur la pâle clarté.
Un nuage qui passe est d'opale teinté.
Dans le ciel se répand une blancheur de cierge,
Et, comme un diamant, un coin de lune émerge.

Il grandit. Il grandit, et semble s'accrocher
Pour sortir de la nuit aux pointes du rocher.
Il grandit; et bientôt la lune tout entière,
Blanche comme une hostie et faite de lumière
Se dresse sur le roc, gigantesque ostensoir.
Alors, le bloc affreux, monstre rugueux et noir,
De fins rayons d'argent voit son ombre égayée.
De purs et doux reflets glissent dans la feuillée,
Éclairent la ravine, et, frôlant les buissons,
Font saillir les murs blancs et le toit des maisons,
Tandis que, lentement, dans le ciel taciturne,
Monte et s'épanouit la grande fleur nocturne.

LA CASCADE DE QUEUREILH

Le vent frôle de son haleine
Les pins brûlés par le soleil.
Prenons l'étroit sentier qui mène
A la cascade du Queureilh.

Sous les hêtres, les grandes herbes
Cachent le pied des arbrisseaux.
Les plantes vertes et superbes
Se dressent le long des ruisseaux.

Les bois sont pleins de gentianes,
D'anémones, d'œillets plumeux,
De liserons, frêles lianes.
Nomme-moi la fleur que tu veux?

Cueillons le fruit bleu de l'airelle
Ou la grappe rouge du houx
Et poursuivons la sauterelle
Qui voltige et fuit devant nous.

Soudain le ruisseau nous arrête.
Mais il est déjà traversé
Sur un arbre que la tempête
Exprès pour nous a renversé.

Nous voilà devant la cascade
Charmante près des rochers lourds.
C'est comme une brillante arcade
Immobile et fuyant toujours.

Les sapins noirs, les chênes sombres
Se raniment à sa fraîcheur.
Ils l'entourent et sous leurs ombres
Éclate encor mieux sa blancheur.

La naïade en riant se cache.
Elle chante avec les oiseaux,
Oubliant sa robe sans tache
Qui s'envole au-dessus des eaux.

Allons plus près, sur l'herbe humide,
En suivant les petits sentiers.
Prends ma main, pour que je te guide
Entre l'onde et les noisetiers.

Avance encore et suis ma trace.
De l'eau vive on peut approcher.
Pénétrons dans l'étroit espace
Entre la nappe et le rocher.

Comme on est bien sous cette voûte !
On voit le ciel pur à travers,
Les fleurs, les rochers que veloute
La mousse, et les grands arbres verts.

Chaque petite gouttelette
Brille comme un fin diamant
Sur ta robe et sur ta voilette.
Je te regarde tendrement.

Comme un fleur sous la rosée,
Ta joue au gracieux contour
S'épanouit fraîche et rosée.
Sais-tu que je t'aime d'amour ?

LA CROIX DE FER

A GEORGES NARDIN

Sur le sommet d'un roc dominant le chemin
Que borde la bruyère aux reflets de carmin,
Un soir, je regardais la joyeuse vallée :
Au loin, vers l'horizon, la chaîne un peu voilée
Des Dômes ; puis, la plaine aux tapis bigarrés,
Faits de moissons, de bois, de sainfoins et de prés ;
A mes pieds les coteaux riants, où les grands ormes
Se dressent frissonnants sous les roches énormes ;
Les pentes de gazon, les champs de genêts d'or,
Et pour rendre plus gai ce merveilleux décor

La fauvette lançant sa note fraîche et douce
Et le clair ruisselet qui bruit dans la mousse ;
Quand je vis, près de moi, la simple croix de fer
Rappelant qu'en ce lieu, seul, au fort de l'hiver,
Abandonné, perdu, sans rien qui le protège,
Un voyageur est mort, enfoui sous la neige...
Un pâtre, à mes côtés, sifflait une chanson ;
Et je sentis en moi courir comme un frisson.

LE SANCY

Tu portes radieux dans l'azur, ô Sancy !
Ta cime dominant les cimes des Monts-Dore,
Où quelques points de neige étincellent encore ;
Et le soleil joyeux luit dans l'air adouci.

Comme un front rayonnant que voile un noir souci,
Soudain le ciel se ride et puis se décolore.
L'éclair brille suivi d'un grondement sonore.
Tout devient sombre et noir sous le ciel obscurci.

Mais toi, Sancy, debout au-dessus des vallées,
Des torrents, des grands lacs, des roches désolées,
Tu te dresses toujours majestueusement,

Insensible aux fureurs de la foudre qui roule
Avec un formidable et sourd rugissement.
Tel le front du poète au-dessus de la foule.

NOS HORIZONS

A EMMANUEL DES ESSARTS

PRINTEMPS

L'hiver a fui. Le ciel est pur. C'est le printemps.
Les bois sont rajeunis et la terre a vingt ans.
Plus de linceul de neige et de teintes moroses.
Sur les coteaux joyeux, les fleurs blanches et roses
Dont pruniers et pêchers vite se sont couverts,
Scintillent au soleil près des feuillages verts.
Au delà des grands prés que borde la rivière,
La Varenne encor nue et pleine de lumière

Laisse voir ses clochers et le toit des maisons.

Au loin c'est la Limagne aux vastes horizons

Et la ligne des monts qui borne l'étendue,

Ligne onduleuse avec l'éther bleu confondue,

Si bien que l'on dirait une lointaine mer,

Mêlant ses flots d'azur au ciel limpide et clair.

ÉTÉ

C'est le soir, sous un ciel plein de clarté vermeille,

La campagne immobile et muette sommeille.

Le soleil, comme un roi, vêtu de pourpre et d'or,

S'abaisse, incendiant ce magique décor,

Au-dessus de la ligne onduleuse et bleuâtre

Des montagnes. Le ciel rouge, orangé, verdâtre,

Est splendide et profond, comme un ciel d'Orient.

La plaine se recueille et dort en souriant ;

Et des bois, des prés verts, des champs, des moissons mûres

Montent confusément quelques discrets murmures.

Émergeant de la mer immense des moissons,
Voici les vieux castels que nous reconnaissons ;
Leur masse de granit sur l'azur se profile.
Les monts semblent au loin marcher en longue file
Et devant le soleil, rouge comme un tison,
La caravane bleue ondule à l'horizon.

AUTOMNE

La campagne a quitté sa parure uniforme.
Le chêne, le bouleau, le peuplier et l'orme
Mêlent à leurs tons verts de nouvelles couleurs.
Les prés mouillés d'eau vive et parsemés de fleurs
Étendent çà et là leurs tapis d'émeraudes.
Les grands bois moins touffus ont des teintes plus chaudes,
Où la rouille parfois brille comme de l'or.
Le ciel ensoleillé découvre son trésor
De bijoux inconnus et le couchant s'embrase.
La pourpre, le grenat, le rubis, la topaze

Donnent à chaque feuille un éclat merveilleux.

La terre resplendit. Le ciel est radieux ;

Et la chaîne des monts bleue à l'horizon brille.

On croit, tant chaque objet se colore et scintille,

Que Dieu vient de créer, au gré de nos désirs,

Cet écrin, entouré d'un collier de saphirs.

———

HIVER

Le temps est froid. Le ciel est blanc. La terre est blanche.

Un fin et blanc duvet entoure chaque branche.

Chaque vallon s'endort sous son manteau blafard.

Partout un calme intense ; et toujours le regard

Rencontre le mica transparent ou l'opale

De la neige glacée, immaculée et pâle,

Comme une vierge, au loin l'immense plaine étend

Les plis marmoréens de sa robe. L'étang

Se repose, comme un miroir couvert de gaze.

La colline est muette et paraît en extase

Devant ce désert vaste au froid scintillement.

Les sommets estompés, ouatés légèrement,

Tracent à l'horizon une ligne inégale ;

Et notre Auvergne a l'air, sous la neige idéale,

D'une reine du Nord ramenant sur son flanc

Son long manteau d'hermine au col de cygne blanc.

BOURRÉE

1

Je suis le chasseur
    Du voisinage,
Je suis le chasseur,
    Le beau danseur.

Surpris par l'orage,
Je viens sous l'ombrage.

Bergère, pourquoi
    Cet air sauvage?
Bergère, pourquoi,
    Ce doux émoi?

II

Nanette ou Nanon,
 Ma bergerette,
Nanette ou Nanon,
 Oh! le doux nom!

Ta brune chevrette
Mord la pâquerette.

Reçois de ma main
 Cette fleurette,
Reçois de ma main
 Ce blanc jasmin.

III

Ma belle, un baiser?
 — Oui, mais je n'ose.
Ma belle, un baiser?
 — Faut-il oser?

Sur ta lèvre rose
Ma lèvre se pose.

Nanette, au revoir,
A la nuit close.
Nanette au revoir,
Près du lavoir.

A MA PAYSE

Ce que j'aime en vous, ma payse,
Ce sont vos noirs et longs cheveux,
Et votre col blanc et nerveux
Et vos petits pieds de marquise.

Vous mettez une grâce exquise
A vouloir tout ce que je veux,
Et vous m'avez fait des aveux
Bien doux, un soir, près de l'église.

Mais j'aime surtout les éclairs
De vos regards ardents et clairs.
Car, sur les rives de la Dore,

Quand vient l'aurore au front vermeil
Vous allez, pour qu'on vous adore,
Cueillir des rayons de soleil.

BRUITS DES CHAMPS

A ALBERT MÉRAT

En automne, sur la colline
Je viens, quand le soleil décline,
Seul, écouter les mille voix,
Qui, pour bercer mes rêveries,
Montent confuses des prairies,
Des champs de bruyères fleuries
Et des bois.

Près de la brune jeune fille,
Portant sa gerbe et sa faucille,
Les pieds nus sous son cotillon,
Le paysan couvert de bure
Prolonge longtemps sa voix pure,
En traçant dans la terre dure
    Le sillon.

La vielle moqueuse et criarde
Jouant bourrée et montagnarde
Nargue, nargue, nargue toujours ;
Et près de la source bleuâtre,
Voici la musette du pâtre
Qui chante sur un air folâtre
    Ses amours.

Écoutez la hache qui frappe
Sur le bois sec, le chien qui jappe,
Le char qui crie en cheminant,
La poule craintive qui glousse

Guidant ses poussins sur la mousse,
Le voiturier qui se courrouce
    Au tournant.

Les moutons bêlent dans la plaine ;
Les taureaux de leur note pleine
Troublent le calme des forêts,
Et l'alouette, revenue,
Monte légère vers la nue,
Égayant de sa voix ténue
    Les guérets.

La grande crinière des chênes
Frémit dans les forêts prochaines.
On entend le bruit des ruisseaux,
Ou de la cascade qui gronde,
Ou du vent qui pleure sur l'onde,
Froissant la chevelure blonde
    Des roseaux.

L'éclair brille dans le nuage.
Le sourd roulement de l'orage
Se mêle aux lointains hallalis.
Le charretier, fuyant l'averse
Aiguillonne ses bœufs et verse ;
Et le garde en sifflant traverse
  Le taillis.

Cependant la meute lassée,
Tombant sur la bête forcée,
Pousse de terribles clameurs,
Et le cor à la voix cuivrée,
Sonnant la mort et la curée,
Annonce au château la rentrée
  Des chasseurs.

LA FÊTE DES BRANDONS

AU DOCTEUR GÉRARD PIOGEY

Le jour tombe. La lune luit.
Les oiseaux cessent leur ramage.
Dites-moi, pourquoi tout ce bruit ?
Quel émoi dans tout le village !
Pourquoi ces cris et ces chansons ?
Pourquoi ces monceaux de feuillage ?
C'est le dimanche des Brandons.

Regardez ce point lumineux
Qui scintille au loin dans la brume.
Est-ce un astre naissant des cieux ?
N'est-ce pas un feu qui s'allume,
Ou quelque antre de forgerons
Attardés encor sur l'enclume ?
Chantons la fête des Brandons.

Mais un autre foyer brillant
Paraît sur la montagne sombre,
Comme un regard étincelant ;
Puis deux, puis trois luisent dans l'ombre.
Est-ce une troupe de démons ?
On n'en peut plus compter le nombre.
C'est le dimanche des Brandons.

Sur les sommets couverts de feux,
Voyez-vous pas Cérès la blonde ?
Cherchant Proserpine en tous lieux,
Dès longtemps elle court le monde.

Deux flambeaux posés sur les monts
Guident sa marche vagabonde.
Chantons la fête des Brandons.

Autrefois les jeunes Romains,
Aux jours sacrés des Lupercales,
Laissaient tomber par les chemins
Leurs tuniques et leurs sandales.
De lierre ils couronnaient leurs fronts
Et dansaient au bruit des cymbales.
C'est le dimanche des Brandons.

Accourez autour du foyer,
Enfants, le plaisir vous appelle.
La chanson du ménétrier
S'unit aux accents de la vielle,
Et les filles aux cheveux blonds,
Au bûcher portent l'étincelle.
Chantons la fête des Brandons.

Entassez pailles et sarments.
C'est l'heure où la fête commence.
Aux sons joyeux des instruments,
Frappez le gazon en cadence.
Qu'en traçant de rouges festons
Dans les airs la flamme s'élance.
C'est le dimanche des Brandons.

Lorsque par le temps emportés
Disparaissent les vieux usages,
Oubliant les grandes cités
Pour de tranquilles paysages,
Poètes, nous nous souvenons.
Car nous sommes les derniers sages.
Chantons la fête des Brandons.

LA CHANSON DU COUTELIER

A GABRIEL GUILLEMOT

Aussitôt que paraît l'aurore,
Le feu brille dans l'atelier.
Du fer le tintement sonore
Se mêle aux chants du coutelier.
L'ivoire et la corne brillante
Attendent près du noir fourneau.
La meule tourne impatiente
Fils de la lime et du marteau,
Tu vas naître, joli couteau.

Les travailleurs, l'âme ravie,
Contemplent le couteau naissant.
Avec un moment de sa vie,
Chacun d'eux lui fait son présent.
L'un d'ornements couvre son manche ;
L'autre l'ajuste sur l'étau ;
L'autre polit sa lame blanche.
Fils de la lime et du marteau,
Te voilà né, joli couteau.

Maintenant, voyage et prospère ;
Va, précédé de ton renom.
Fier de la marque de ton père,
Partout fais connaître son nom.
Sans redouter les mers profondes,
Jusqu'en Chine, comme un oiseau,
Vole, traverse les deux mondes.
Fils de la lime et du marteau,
Prends ton essor, joli couteau.

Garde-toi d'envier aux armes
Leur rôle barbare et cruel.
Ne fais jamais couler de larmes
Et fuis la main du criminel.
Soumis à des doigts blancs et roses
Va cueillir les fruits du coteau,
Ou faire des moissons de roses.
Fils de la lime et du marteau,
Suis ton destin, joli couteau.

Instrument noble et populaire
Des sujets et des souverains,
Toujours et partout nécessaire
Chacun t'a porté dans ses mains.
On te voit dans l'humble chaumière
Et sur la table du château,
Chez la duchesse et la fermière.
Fils de la lime et du marteau,
Sois fier de toi, joli couteau.

Du matin jusqu'à la nuit sombre,
Ainsi chante le coutelier.
Fleurs d'acier, les couteaux sans nombre
Émaillent le noir atelier.
Alors du repos l'heure sonne ;
Les travailleurs quittent l'étau,
Et partout ce refrain résonne :
Fils de la lime et du marteau,
A demain, mon joli couteau.

VERS

POUR L'ALBUM DE LA *SOUPE AUX CHOUX* D'AUVERGNE

A RAOUL ÉTIENNE.

I

INVOCATION

O bonne soupe aux choux, odorante et bien chaude,
Plus douce à regarder qu'une jeune Brayaude,
Dans ton mélange exquis, j'ai planté ma cuiller
Et je vais te manger bientôt, sans sourciller.
En attendant un peu que tu sois refroidie,
Mains jointes, devant la soupière rebondie,

J'aspire à nez ouvert ton fumet sans pareil.
Sur ton bouillon doré par les feux du soleil,
Je vois nager le lard et les pommes de terre.
O soupe du pays au parfum salutaire !
Laisse-moi bien longtemps te regarder encor.
A travers ta fumée aux tons de perle et d'or,
Je crois voir ma maison que la prairie embaume,
Et mon petit verger et mon grand Puy-de-Dôme.

I

LANGAGE MUET

Miette, aux grands yeux ébahis,
Sur les pentes de la montagne
Mène pâturer ses brebis,
Et son chien Labry l'accompagne.

Elle vient d'avoir dix-sept ans.
Voyez, quel joli brin de fille !
Elle est fraîche comme un printemps
Et fait honneur à sa famille.

Assise sur un gros rocher,
Sous sa mante qui la protège,
Il ne fait pas bon l'approcher.
Car son cœur est froid comme neige.

N'est-ce pas Jacques, son voisin,
Là-bas, appuyé sur sa bêche ?
Un beau gars, un peu son cousin.
Pourquoi serait-elle revêche ?

Ce n'est pas l'herbe des fossés,
Ni le puy lointain qu'il regarde,
Et ses yeux un moment baissés,
Vers lui se tournent par mégarde.

Leurs regards se croisent dans l'air
Pur et frais qui les environne.
Pour se bien regarder, c'est clair,
On ne fait de mal à personne.

Et, muets, de loin, tous les deux,
Ils se disent de douces choses.
En tout pays, les amoureux
Se comprennent les lèvres closes.

II

LA FENAISON

La bonne odeur des foins flotte sur les prairies.
Dans les tas d'herbe verte et de plantes fleuries,
Les faneuses, plantant la fourche ou le rateau,
Travaillent sans relâche au versant du coteau.
Là-bas les paysans chargent sur la barcelle
Le foin qui peu à peu se tasse et s'amoncelle.
Ils regardent le ciel tout noir à l'horizon
Et, sans perdre un instant, rentrent à la maison,
Pour mettre l'herbe sèche à l'abri de l'orage.
La bonne odeur du foin embaume le village !

IV

BONHEUR INTIME

Piarretou dans sa limousine,
Car le vent est frisquet chez nous,
Piarretou rêve à la cuisine
Où Mïon fait la soupe aux choux.

Mïon, près du feu qui flamboie,
Leste, s'apprête à découvrir
La marmite et songe avec joie
Que Piarretou va revenir.

Que leur fait le vieux musetère
Qui souffle les airs du pays ?
Pour tous deux, rien ne vaut sur terre
Un bon repas dans son logis.

Quel bonheur ! Aller à la cave
Chercher un pichet de vin doux,
Pendant que Mïon, jeune et brave,
Assaisonne la soupe aux choux.

Puis, s'asseoir tranquille, à son aise,
Orné d'un bonnet de coton,
Avec un escabeau pour chaise ;
Et puis, manger comme un glouton.

V

LE LABOUREUR

Sur les vastes plateaux de la haute montagne
Le blé croît et murit, comme dans la Limagne,
Et les champs, que la lave autrefois a couverts,
Se parent au printemps de blés tendres et verts.
Quand vient juillet, grandis et jaunes, sous la brise,
Comme une vague d'or qui s'enfle et qui se brise,
Ils ondulent au loin sur le versant des puys,
Pleins de coquelicots et de bluets ; et puis
Ils tombent lentement sous les coups des faucilles.
Les chaumes, parsemés de fleurs et de brindilles,

Se reposent jusqu'à l'automne ; et le moment
Vient de tourner le sol où naîtra le froment.
Le laboureur alors chemine dès l'aurore.
Le voilà travaillant, sous le soleil qui dore
Le poitrail tacheté des vaches de labour ;
Armé de l'aiguillon, il peine tout le jour,
Courbé pour diriger le soc de son araire.
Il songe au mauvais temps ; il geint ; il désespère.
Mais parfois il sourit, de voir, sur le chemin,
Jeanneton qui s'avance, un bousset à la main.

VI

LE RETOUR DU MARCHÉ

On revient du marché, par le sentier pierreux,
Pendant que le soleil à l'horizon se couche,
Dorant de ses rayons les ravins ténébreux
Et le pic de Sancy, qui se dresse farouche.

La fermière, en avant, monte à califourchon
Le cheval qui s'en va le long des précipices.
Elle a vendu son lard, son beurre et son cochon
Et rapporte un ballot de laines et d'épices.

Aussi, se rengorgeant, son parapluie en main,
Elle fait maints projets, la joyeuse fermière.
Et le petit cheval suit d'instinct son chemin.
Quant à son homme, il vient, comme il peut, par derrière.

Il est heureux aussi d'avoir vendu ses veaux.
L'argent dans son gousset tinte. Le voilà riche ;
Et, dans son sac, il porte, à travers monts et vaux,
Pour les petits, du sucre et de la bonne miche.

VII

A LA POMME NORMANDE

Joyeux dîneurs, venez à nous ;
Notre marmite est assez grande.
Goûtez à notre soupe aux choux,
Si son odeur vous affriande.

Gais buveurs du pays Normand,
La jeune Auvergne vous convie,
Oubliant le vin un moment
Pour le bon cidre qu'elle envie.

Nous songeons aux pommiers fleuris,
Nous qui venons de la montagne,
Et nous évoquons, attendris,
La Normandie et la Limagne.

A vous, Normands, la vaste mer,
Avec ses plaines vagabondes.
A nous, les neiges de l'hiver
Et l'océan des moissons blondes.

Si, pour le doux pays natal,
Nous avons une préférence,
Vous n'y trouverez aucun mal ;
Comme vous, nous aimons la France.

Mêlons dans un même refrain
Les pommiers en fleurs et le vergne ;
Et savourons, le verre en main,
Le cidre et le vieux vin d'Auvergne.

VIII

AUX SOCIÉTÉS LITTÉRAIRES ET ARTISTIQUES

Jadis tenant sa cour au castel de Vodable,
Robert, Dauphin d'Auvergne, accueillait à sa table,
Trouvères, ménestrels, jongleurs et troubadours,
Qui, portant le rebec, la viole ou la mandore,
Venaient de tous pays raconter leurs amours.
  L'Auvergne s'en souvient encore.

Comme aux siècles passés, l'Auvergne fait appel
Au joyeux cantador, comme au doux ménestrel;
Et Normands, cigaliers et modernes trouvères,
Tous, des bords de la mer, des sommets du Cantal,
Des plaines du midi, viennent choquer leurs verres
  En l'honneur du pays natal.

Enfants de l'Est, Bretons, Provençaux et félibres,
L'Auvergne, en vous voyant, tressaille dans ses fibres.
Elle entend comme un bruit léger de tambourins,
Et, sur ses monts lointains, aux lignes inégales,
La vielle et la musette uniront leurs refrains
    Aux chants radieux des cigales.

IX

AUX PEINTRES ET AUX SCULPTEURS

L'Auvergne vous salue, artistes inspirés,
Épris de son beau ciel et de ses paysages,
Qui sauvez de l'oubli ses mœurs et ses usages ;
Sculpteurs qui ranimez ses héros vénérés.

Par vous, les bois en fleurs, les ravins des Monts-Dore,
Les prés verts de Royat, les sommets du Cantal,
Et la blonde Limagne, au ciel oriental,
Même loin du pays, nous enchantent encore.

Par vous sont immortels tous ceux que nous aimons;
Et Vercingétorix, formidable et farouche
Est debout! Et Pascal, quand le soleil se couche,
Pensif et rajeuni, rêve en face des monts.

Tous, vous aimez l'Auvergne et l'Auvergne vous aime.
Vous aimez ce vieux sol, aux mille aspects divers,
Et grâce à vos pinceaux, bien mieux que par nos vers,
Chaque printemps voit naître un chant de son poème.

PIGEONS ET LABOUREUR

D'APRÈS LE TABLEAU DE SCHENCK

Sur le haut plateau cultivé
Qu'un soleil radieux colore,
La nature sourit encore,
Lorsque l'automne est arrivé.

Les blés sont réunis en gerbes ;
Et sur le verdoyant tapis,
Les chaumes, ces tronçons d'épis,
Jaunes se dressent dans les herbes.

Gravement, sous un ciel serein,
Le laboureur va solitaire.
Car il doit retourner la terre,
Avant d'y semer le bon grain.

Détruisant la nielle et la rue,
Dans le sol il creuse un sillon.
D'une main il tient l'aiguillon ;
De l'autre il guide la charrue.

Ses vaches, les naseaux dans l'air,
Lentement remplissent leur tâche.
Leur silhouette se détache
Sur l'horizon bleuâtre et clair.

Des pigeons, devant l'attelage,
Tourbillonnent joyeusement.
Leur vol gracieux et charmant
Après eux laisse un blanc sillage.

On voit à peine leur camail
Lilas. Leur charme les protège.
On dirait des flocons de neige.
C'est la grâce auprès du travail

Le laboureur aux mains calleuses,
Superbe sous son grand chapeau,
Jette à l'insouciant troupeau
Quelques épithètes railleuses.

Il songe que les jeunes blés
Ont beaucoup d'ennemis sur terre
Et regarde d'un œil sévère
Ces jolis maraudeurs ailés.

A HENRI HEINE

D'APRÈS LE TABLEAU DE FIRMIN GIRARD

Un ours dans une rue étroite d'Aurillac
Exécute avec grâce une danse fantasque,
Pendant que le montreur gratte un tambour de basque,
Et la foule applaudit la bête et son cornac.

Est-ce encore Atta Troll que tu pris dans ton lac,
Henri Heine? Bravant la neige et la bourrasque,
Freyligrath, le roi nègre, a-t-il changé de masque?
Vient-il encor chez nous pour remplir son bissac?

Non! Pareil aux héros dans leurs apothéoses,
Atta Troll, comme un Dieu, s'endort parmi les roses.
L'ours a son Walhalla, comme l'homme a le ciel.

Il est avec Mumma que nul ne lui conteste,
Dans le séjour divin des ours blancs. Qu'il y reste ;
Et qu'il boive en rêvant la bière et l'hydromel.

LA COUPE DE CHEVEUX

D'APRÈS LE TABLEAU DE JUNDT

Le ciel est clair. Les monts bleuâtres
Forment de joyeux horizons.
On entend des propos folâtres
De francs rires et des chansons.

Ce sont les filles du Mont-Dore,
De Vassivière et d'alentour
Qui se rassemblent dès l'aurore,
Sur le grand marché de Latour.

Avec leurs robes des dimanches,
Leurs fichus, leurs chapeaux coquets
Et leurs bonnets aux ailes blanches,
On dirait de vivants bouquets.

Cependant quittant leurs coiffures
Et dénouant leur chignons lourds,
Elles livrent leurs chevelures
Pour quelques rubans de velours.

Le marchand, comme des trophées,
Suspend ces humaines toisons
Et près des belles décoiffées
Passent en riant les garçons.

Mais sans s'émouvoir, les fillettes,
Tirant leurs bonnets sur le front,
Vont par le bourg à leurs emplettes,
Et, le soir, elles danseront,

Sur l'herbe, en longue kyrielle,
Et souriant aux doux aveux,
La bourrée, au son de la vielle,
Sans regretter leurs longs cheveux.

LE VERGER

POUR UNE EAU-FORTE DE DAUBIGNY

Un pré vert au printemps. Des fleurs et du soleil.
Un verger souriant de sa métamorphose.
Pas d'horizon. Mais un fouillis bleuâtre et rose
Semé des diamants de l'aube à son réveil.

Des amandiers couverts d'un blanc duvet, pareil
Aux neiges, des pêchers à la fleur demi-close
Se mirant dans le clair ruisseau qui les arrose ;
Et cet ensemble est frais, rayonnant et vermeil.

Regardez. Sous le fin brouillard qui s'évapore,
Jeunes comme l'espoir, charmants comme l'aurore,
Ravis par le sourire ineffable de mai

Et par les doux gazons tapissés de pervenches,
Deux amoureux, buvant le zéphir embaumé,
Suivent l'étroit sentier qui se perd sous les branches.

LA MEULE DU VOISIN

D'APRÈS LE TABLEAU DE SCHENCK

Les blés sont coupés. Les éteules
Jaunissent les vastes plateaux.
Comme de hauts pignons, les meules
Couvrent le grain de leurs manteaux.

Au loin, les sommets des monts Dômes
Se confondent avec l'azur.
Les moutons, à travers les chaumes,
Se pressent dans l'air frais et pur.

Ils regardent les plaines bleues
Et les immenses horizons,
Et sans crainte les hochequeues
Volent jusque sur leurs toisons.

Cependant, sortis de la bande,
Plusieurs d'entre eux, sournoisement,
Vont à la meule, en contrebande
Voler des épis de froment.

Le chien, comme un garde-champêtre
Voit en murmurant ce larcin.
Il n'ignore pas qu'il faut paître
Loin de la meule du voisin.

Il grogne. Mais il n'a pas d'ordre.
Le berger a le dos tourné.
Prêt à sévir et prêt à mordre,
Le chien au calme est condamné.

Le berger songe à sa voisine,
A ses prés et peut-être à rien.
Sur son bras pend sa limousine.
Du reste, il compte sur son chien.

Chacun son lot. C'est son principe.
Que Labry fasse son devoir ;
Et lent, il allume sa pipe.
La fumée empêche de voir :

Et les affreux bandits, qu'anime
Une vague perversité,
Dévorent le fruit de leur crime,
Sous les yeux de l'autorité.

L'ÉCHIR

C'est l'hiver. La montagne hier fleurie et verte
Est triste maintenant, désolée et déserte.
Seul parfois, à l'abri de quelque gros rocher,
Un troupeau de moutons vient encore y chercher
Un repas maigre et sec d'herbe jaunie et dure
Et broute lentement ce reste de verdure.
Soudain le ciel paraît s'affaisser et blanchir.
C'est la rafale au froid cortège. C'est l'échir.
La nuit se fait. Le vent souffle. La neige tombe,
Tourbillonnant sur les hauteurs, comme une trombe.
Plus de chemins par où s'enfuir. Plus d'horizon.
Tout est blanc : les sentiers, les rocs et le gazon.

Les flocons affolés font rage. La tempête
Jette partout l'effroi dans sa blancheur muette.
Sans obstacles le vent affrontant le sommet
Passe comme un fantôme invisible et muet ;
Et l'on voit les moutons serrés dans la tourmente,
Inquiets, effarés, le chien qui se lamente,
Et le berger debout, résigné, morne et seul,
Dans la neige qui va lui servir de linceul.

LE GENÊT ET LA BRUYÈRE

A ALTAROCHE

Quand mon cœur est malheureux,
Je m'assieds dans la clairière
Et j'entends causer entre eux
Le genêt et la bruyère.

LA BRUYÈRE

Par un doux matin de mai,
Je naquis sur la montagne,
Fille d'un souffle embaumé
Qui venait de la Bretagne.

LE GENÊT

Moi, j'ai vécu bien longtemps.
J'ai vu tomber sur mes branches
Fleurs d'hiver et de printemps,
Aubépine et neige blanches.

LA BRUYÈRE

Près de moi les papillons
Voltigent ; les demoiselles
Glissent et les oisillons
Tout joyeux battent des ailes.

LE GENÊT

Quand l'aurore à son réveil
Sourit à la fleur déclose,
Je te défends du soleil,
Petite bruyère rose.

LA BRUYÈRE

Longtemps je sommeille encor
Sous ton ombre protectrice
Et pour toi, beau genêt d'or,
Mes fleurs ouvrent leur calice.

LE GENÊT

La fauvette louant Dieu
Sur ma tige se balance
Et libre, sous le ciel bleu,
Dans l'air en chantant s'élance.

LA BRUYÈRE

Que de parfums ! Que de voix !
Chaque brin d'herbe étincelle.
Avec ses monts et ses bois,
Oh ! que notre Auvergne est belle !

Ainsi devisent entre eux
Le genêt et la bruyère.
Moi, j'erre dans la clairière,
Quand mon cœur est malheureux.

CONFIDENCE

Si je t'aime, ô femme blonde
C'est qu'à travers les frisons
De ta toison vagabonde,
Je vois l'or de nos moissons.

C'est que je vois sur ta bouche
Un rayon de nos soleils
Et sur ta lèvre farouche
Le sang des raisins vermeils.

C'est que la patrie absente
M'apparaît quand tu souris
Et que ta joue est riante
Comme nos pommiers fleuris.

C'est qu'enfin tes yeux candides
Reflètent dans leur azur,
Comme les grands lacs sans rides,
Notre ciel profond et pur.

LE CIL

Comme une épave, au gouffre amer,
Quand le flot azuré déferle;
Sur votre œil bleu comme la mer,
Sur votre œil aux blancheurs de perle,

Un cil blond vogue soulevé
Par la larme qui vient d'éclore,
Et votre regard est troublé,
Quand votre lèvre rit encore.

Au secours ! Il faut sans retard
Enlever le cil qui surnage.
Mon ciel est dans votre regard
Et je veux mon ciel sans nuage.

Ouvrez l'œil. J'aperçois le cil
Rayant ce diamant sans tache.
Comme un serpent, vif et subtil,
Il va, flotte et soudain se cache.

Quand il le faut, on est docteur ;
Et j'enroule un coin de batiste.
J'ai l'air d'un grave opérateur,
D'un charlatan ou d'un dentiste.

Vous riez. Je suis étonné
De votre courage ; et j'arrive
A saisir le cil obstiné,
Comme une épave sur la rive.

Victoire ! Un lumineux rayon
Emplit votre œil mélancolique.
J'enferme dans un médaillon
Le cil blond, comme une relique ;

Et baisant votre œil clair et pur,
En buvant vos pleurs, chère blonde,
J'entrevois tout un ciel d'azur
Dans une mer bleue et profonde.

LA VIEILLE ROUTE

A PAUL LESER

Du chemin de fer qui nous mène
De Clermont à mon doux pays,
Je regarde charmé la plaine
Aussi riante que jadis.

Voici les coteaux et les vignes,
Les moissons, les bois et les prés ;
A l'horizon, les grandes lignes
Des monts et les cieux empourprés.

Par moments, le train s'aventure
Le long du chemin déserté
Que nous parcourions en voiture,
Autrefois, par les soirs d'été.

Alors, comme dans un mirage,
Renaissent par un prompt retour
Les impressions d'un autre âge,
Aussi fraîches qu'au premier jour.

Ainsi, dans la course effrayante
Du temps qui nous traîne éperdus,
Parfois apparaît souriante
L'image des bonheurs perdus.

◆

Soudain l'on retrouve avec joie
Un vieux sentiment effacé
Et, pour un moment, on côtoie
Les souvenirs du temps passé.

DU ROSE AU NOIR

A LÉON DUVAUCHEL.

Les montagnes fraîches et roses
Sous la bruyère et sous le thym,
En se réveillant au matin
Se parent de fleurs demi closes.

Comme un fin pastel, leur couleur
Faite d'aurore et de rosée
Est par l'aube à peine irisée.
C'est l'enfance pure en sa fleur.

Superbes les montagnes brillent
Sous les feux brûlants de midi.
Les fleurs sur le roc attiédi
Pareils à des joyaux scintillent.
Les monts aux radieux contours
Ont les teintes vives et chaudes
Des rubis et des émeraudes.
C'est la jeunesse et les amours.

Promptes à changer de toilettes,
Suivant l'heure, en toute saison,
Quand le jour baisse à l'horizon,
Les montagnes sont violettes.
Elles semblent prendre le deuil
Du soleil qui va disparaître.
L'âge mur ouvre la fenêtre
Et la vieillesse est sur le seuil.

Les montagnes deviennent sombres
Et froides, quand le jour s'enfuit.
Déjà les voiles de la nuit
Couvrent la plaine de leurs ombres.

La campagne triste s'endort
Dans le brouillard aux plis funèbres.
Tout se confond dans les ténèbres.
Pas une étoile. C'est la mort.

AUTRE BOURRÉE

I

Une fille au fond du bois
  N'est pas à sa place.
Une fille au fond du bois
  Tremble quelquefois.

  Elle entend la voix
Du chasseur qui passe.
  Elle entend la voix,
Seule au fond du bois.

Une fille au fond du bois
  N'est pas à sa place.
Une fille au fond du bois
  Tremble quelquefois.

I

Belle fille aux jolis yeux
  Laisse-moi te dire,
Belle fille aux jolis yeux
  Des mots gracieux.

Mais j'aimerais mieux
  Un tendre sourire,
Mais j'aimerais mieux
  Lire dans tes yeux.

Belle fille aux jolis yeux
Laisse-moi te dire,
Belle fille aux jolis yeux,
Des mots gracieux.

III

Voici les brumes du soir
Flottant sur la plaine,
Voici les brumes du soir,
Ma belle, au revoir.

Mais j'irai m'asseoir
Près de la fontaine,
Mais j'irai m'asseoir
Où tu viens le soir.

Voici les brumes du soir
Flottant sur la plaine,
Voici les brumes du soir.
Ma belle, au revoir.

MON RÊVE

A LOUIS FOUQUET

Mon rêve, c'est d'aller, quand je serai très vieux,
Dans mon pays d'enfance où dorment mes aïeux,
Vivre modestement dans une solitude ;
D'y mener sans regret et sans inquiétude
Une existence calme et douce, en revoyant
Les bois et les vallons où je courais enfant,
De m'asseoir aux beaux jours sur l'herbe des clairières,
 Près des mêmes genêts et des mêmes bruyères,

Toujours comme autrefois prompt à m'émerveiller
Et d'entendre au lointain quelque ménétrier
Marier, en jouant bourrée ou montagnarde,
Mes rimes aux accords de sa vielle criarde.

LE BOULEAU

Les uns chantent les grands chênes,
Les hêtres couverts de faînes,
Les lauriers étincelants.
D'autres préfèrent les ormes,
Ou les marronniers énormes ;
Moi, j'aime les bouleaux blancs.

J'aime l'arbre cher au Celte,
Dont la pile droite et svelte
S'élance en riant dans l'air ;
Dont le délicat feuillage
Sur le ciel forme un grillage
Toujours frissonnant et clair.

Les bouleaux, parmi les branches,
Sont comme des vierges blanches
Errant dans le vert taillis,
Et, la nuit, dans les bois sombres,
Où passent de vagues ombres,
Ils sont Ilses ou Willis.

Aux chênes géants la force.
Aux saules la rude écorce.
Aux ifs le froid des tombeaux.
Mais l'écorce douce et fine
Et la grâce féminine
Font le charme des bouleaux.

Au soleil, dans la clairière,
Les bouleaux sur la bruyère
Forment un voile léger,
Et sous l'aile de la brise
Leur feuillage qui s'irise
Dans l'air semble voltiger.

Les uns chantent les grands chênes,
Les hêtres couverts de faînes,
Les lauriers étincelants.
D'autres préfèrent les ormes,
Ou les marronniers énormes.
Moi, j'aime les bouleaux blancs.

———

Amis, sur mon tombeau plantez un bouleau blanc,
Un bouleau du pays, au feuillage tremblant.
Que près de lui fleurisse une églantine rose
Et qu'il fasse un peu d'ombre où ma cendre repose.

L'AUVERGNE

AU TOMBEAU DE THÉOPHILE GAUTIER

Stant manibus aræ.
VIRGILE.

Gautier ! poète illustre ! ô maître sans pareil !
Toi qui savais fixer les rayons du soleil
Dans ta phrase sonore, ou, d'un reflet de lune
Éclairer l'Océan brisé contre la dune,
Voyageur inspiré dont le regard de feu
Au delà du réel s'élançait jusqu'à Dieu,

Qui traversas l'Europe et l'Afrique et l'Asie,
Faisant partout jaillir des flots de poésie,
Admirateur pieux du monde oriental,
Je te salue au nom de mon pays natal,
Et je viens aujourd'hui dans ma douleur amère,
Prenant le deuil au nom de l'Auvergne, ma mère,
Mêler aux noirs cyprès ornements du tombeau
Des branches de laurier, de chêne et de bouleau.

On se souvient de toi dans la salle gothique
Du vieux château bâti sur le roc granitique,
Dans cette salle d'arme où tu causais le soir,
On dit tout bas : c'est là que Gautier vint s'asseoir.
Car nos vieux troubadours ont tressailli naguère,
Lorsque tu parcourais l'Auvergne, avant la guerre,
Et que tes yeux lisaient dans notre ciel d'azur.
Enivré de parfums, de lumière et d'air pur,
Écoutant les chansons naïves des faneuses,
Tu marchais à travers nos plaines sablonneuses,
Comme les Dieux, exempt d'espoir et de souci.
Sur les sommets neigeux du Dôme et du Sancy

Nous avons contemplé ta tête sculpturale.

Tu vis Clermont avec sa vieille cathédrale,

Où doit passer la nuit l'ombre du grand Pascal ;

Puis saluant Lezoux d'un sourire amical,

Tu vis se dérouler aux pieds de la montagne

La Varenne fleurie et la blonde Limagne.

Tu vis Thiers, ville noire et ses noirs habitants

Et ce pays où s'est écoulé mon printemps,

Pays cher à mon cœur, avec sa tour du More,

Et ses cours d'eau plaintifs la Dore et la Dolore.

J'espérais voir un jour, ô peintre sans rival,

Après l'Espagne, après le monde oriental,

Dans un de ces tableaux tracés de main de maître,

Mon Auvergne vivante et joyeuse apparaître,

Avec ses châteaux forts pleins de vieux souvenirs,

Ses horizons frangés de pourpre et de saphirs,

Ses moissons, ses volcans et ses neiges sans tache.

Mais quel homme ici-bas peut achever sa tâche ?

La mort est là qui rôde épiant les meilleurs.

Ta palette est brisée et ses vives couleurs

Ne luiront plus. Adieu, poète, grand génie,
Qui t'arrêtas un jour dans l'antique Arvernie
Et qui dus conserver, au suprême départ,
L'azur de notre ciel au fond de ton regard.

SOUVENIR DE BELLEVUE

A LA MÉMOIRE DE JOCELYN BARGOIN

Sur les premiers versants des montagnes, couverts
D'arbres chargés de fruits mêlés aux pampres verts,
Parmi les frondaisons mornes du paysage,
On aperçoit de loin, riant comme un visage,
Un mignon chatelet près des tilleuls tremblants,
Avec son toit d'ardoise en pointe et ses murs blancs.
C'est Bellevue.
    Ami, cœur naïf et sincère,
Esprit jeune et charmant que j'aimais comme un frère,
C'est là que tu venais passer les plus beaux mois,
C'est là que je t'ai vu pour la dernière fois.

Je ne puis oublier ces trois jours de septembre.
Avec moi, le matin, au sortir de ta chambre,
Tu venais dans le parc rayonnant et vermeil,
A pas lents, t'enivrer de calme et de soleil.
La brise caressait les peupliers robustes.
Dans les gazons, les fleurs superbes des arbustes
Luttaient d'éclat avec l'aile des papillons ;
Les rosiers embaumaient ; et tous deux nous allions
Vers la source où se plaint la naïade isolée,
Ou bien en descendant la longue et vaste allée
Suspendant sur nos fronts son dôme protecteur,
Nous jetions un regard sur le Faune flûteur
Qui semblait répéter les accords et les trilles
Des rossignols cachés dans l'ombre des charmilles.

Puis, humant une douce odeur de fenaison,
Au-dessus du grand pré dominant l'horizon,
Nous venions nous asseoir. Quel merveilleux spectacle !
Nous avions devant nous, sans borne et sans obstacle,
Les plaines, les coteaux, les bois, l'horizon pur
Et le soleil montant radieux dans l'azur ;

Au loin, Thiers s'estompant en noir, comme une ride,
Les monts bleus du Forez, le roc de Margeride,
La Limagne au tapis scintillant et changeant,
Les rivières brillant, comme des fils d'argent,
Çà et là des flocons de fumée en spirale
Et sous nos pieds Clermont avec sa cathédrale,
Comme un troupeau paissant autour de son berger.

C'est là que nous venions pour causer et songer.
Anxieux, j'épiais ton regard doux et triste.
J'écoutais tes projets et tes rêves d'artiste,
Tes confidences, tes espoirs et tes soucis,
Et j'admirais le charme exquis de tes récits.
A côté des sommets de granit et de lave,
Tu me parlais des bords ensoleillés du Gave,
Des glaciers éternels et du Pic du Midi.
Tu vantais le Béarn et son air attiédi,
Pau, la ville élégante et toujours rajeunie
Qui se pare pour mieux charmer sa colonie
Et qui mêle, en buvant le vin de Jurançon,
Un bruit de castagnette à sa vive chanson.

Enfin, sans dédaigner notre blonde Limagne
Tes souvenirs ailés t'emportaient vers l'Espagne
Et, quand le soir venait, nous devisions encor
De Vercingétorix ou du Campéador.

Derniers beaux jours ! hélas ! Dernières causeries !
L'hiver allait bientôt briser les fleurs flétries
Et la mort t'emporter. — Disparaître à trente ans !
Laisser tout, ses amis, son père, le printemps
De la vie, et l'amour et la gloire entrevue !
C'est horrible !
    Depuis, je viens à Bellevue,
Dans la belle saison pourtant ; mais le soleil
N'est pas, comme autrefois, radieux et vermeil.
Sous les grands arbres noirs, la source est désolée.
Le vent est froid, le bois désert, la grande allée
Sombre. Je ne vois plus les belles floraisons
Et le Faune flûteur a cessé ses chansons.

LA VARENNE

A MON FRÈRE EDMOND MARC

Je te revois en rêve, ô riante colline !
Et j'évoque ces jours d'azur et de soleil,
Où notre essaim joyeux, de la ville voisine
S'envolait au matin vers l'horizon vermeil.

Que nous étions heureux ! Parmi les hautes herbes
Folâtrant au hasard, comme les papillons,
Oubliant les leçons, les pronoms et les verbes
Et cueillant les bluets fleuris dans les sillons;

Et puis l'on revenait et l'on trouvait sa mère,
Des oiseaux dispersés épiant le retour,
Pour tous ceux que l'on aime on faisait sa prière ;
Et puis l'on s'endormait à la chute du jour.

Ce beau temps est passé. Mais toujours, ô nature,
Tu souris, ignorant nos deuils et nos douleurs,
Et je viens aujourd'hui cueillir à l'aventure,
Dans tes bois préférés, des vers avec des fleurs.

Ma colline riante, au sein des vastes plaines,
Porte timidement son front couvert de thym,
De pervenches, d'œillets, de bouleaux et de chênes
Tout frissonnants d'amour aux baisers du matin.

Elle voit à ses pieds, comme une immense arêne,
Se dérouler au loin les vastes horizons,
Les monts bleus, les vallons sablés de la Varenne
Et la blonde Limagne, océan de moissons.

Varenne! Je redis ton nom avec tendresse.
Tu berças ma jeunesse à l'ombre de tes bois.
Aussi, comme un enfant, je t'aime et je t'adresse
Les vers qu'en ton honneur j'ébauchais autrefois.

Coin de terre éloigné des discordes civiles,
L'homme sur ta beauté ne porte pas les mains
Et, quand mai reverdit, les habitants des villes
Ne viennent pas encor profaner tes chemins.

Tu n'as pas les sommets glacés, les rocs sauvages,
Ni les pampres dorés, ni les riches moissons ;
Mais tes coteaux sont verts, ton ciel est sans orages
Et j'aime tes ruisseaux, tes prés et tes chansons.

A toi la lande nue où poussent les genièvres,
Les taillis embaumés et les minces ruisseaux,
Les bergères gardant les moutons et les chèvres
Et les petits sentiers fuyant sous les bouleaux.

A toi les champs de mousse où la bruyère rose
Par des liens de fleurs s'unit au genêt d'or,
Corbeille parfumée où l'abeille se pose,
Lit brillant où l'insecte ailé sommeille encor.

A mes regards charmés tu parais toujours belle,
Même au temps où le ciel de nuages couvert
Semble prendre le deuil, aux jours où l'hirondelle
Nous annonce en fuyant le retour de l'hiver.

Car alors sur ton sein, la neige, gaze blanche,
Etend ses plis légers comme un pur vêtement
Et tu ne connais pas l'effroi de l'avalanche,
Ni des torrents gonflés le sourd bouillonnement.

Nature calme et douce! Enfant simple et naïve,
Belle dans ta candeur et dans ta-nudité,
Ah! conserve longtemps ta grâce primitive
Et fuis les faux atours et la fécondité.

Et toi, grand destructeur, envahisseur avide,
Homme, respecte encor cet asile de paix.
Ne porte pas la main sur la vierge timide
Qui n'a que sa beauté pour braver tes forfaits.

Laisse aux champs leurs parfums et leur robe vermeille.
Si tu sèches l'étang, où naîtra le roseau?
Si tu coupes les fleurs, où puisera l'abeille?
Si tu détruis les bois, où chantera l'oiseau?

ÉPILOGUE

UNE VOIX SUR LA MONTAGNE

Je rêvais au sommet d'un rocher basaltique,
M'appuyant aux débris entassés du portique
D'un château fort détruit par l'homme et par le temps.
Autour de moi, pareils à de vieux combattants
Pétrifiés, les puys dressaient leurs têtes sombres ;
Les uns mystérieux, ombragés, couverts d'ombres ;
Les autres dénudés, rouges comme du sang.
De longs nuages noirs enveloppaient le flanc
Des monts, se dispersaient comme un troupeau sauvage,
Puis venaient, à mes pieds, grondants et pleins d'orage.
Je les voyais passer en gigantesques blocs
Ou laissant des lambeaux à la pointe des rocs.

Par moments, sous les feux du soleil, les vallées
Étincelaient au loin énormes, désolées ;
Et j'avais, au milieu de l'éther vif et pur,
Près de moi le tonnerre et sur mon front l'azur.
Puis, tout se dissipait. Dans l'étendue immense
Planait l'aile invisible et morne du silence.

Je rêvais... Quand soudain j'entendis une voix
Qui me disait : « Poète aux doux accents, tu crois,
Tant le son alterné de la rime t'enivre,
Avoir fait resplendir l'Auvergne dans ton livre ;
Et tu n'as pas chanté les aieux s'en allant
Jusqu'à Delphes ; ni ceux qui suivirent Roland
Au val de Roncevaux. Tu n'as pas dit l'histoire
Des preux que Godefroy menait à la victoire,
Chanté Castelloza pleurant son abandon,
Duguesclin expirant à Châteauneuf-Randon,
L'amazone au front pur, la noble Magdeleine,
Froide comme Antiope et belle comme Hélène,
Ni ce jeune héros, digne des vers d'Hugo,
Qui volait triomphant du Caire à Marengo.

Dans les taillis riants où mûrit la noisette,

Satisfait d'écouter la vielle et la musette

Sur la mousse étendu ; tu n'as pas affronté,

Au milieu des blés mûrs les ardeurs de l'été.

Tu n'as pas cheminé, quand le vent se lamente,

Sur les monts blancs de neige, à travers la tourmente.

Tu n'as pas entendu, sous les sapins géants,

La tempête gémir dans les gouffres béants,

Ni contemplé les lacs, au lever de l'aurore,

Les lacs bleus, où parfois le cygne chante encore.

Vois ces immensités, ces torrents, ces forêts.

Recueille-toi longtemps. Tu chanteras après. »

TABLE

Avant-propos . . . . 7.

DÉDICACE.

A ma mère 11

LIVRE PREMIER.

ÉPISODES ET RÉCITS.

Le Puy-de-Dôme et les volcans. 19
Le dolmen.. 24
Les femmes-fées. 27
Ternaires druidiques.. 30
Bardit. 33
Une page des commentaires. 37
Le temple. 44
Les potiers Gallo-Romains. 48
La vengeance de l'évêque 52

Avitacum. 59
La réponse du moine. 61
Les premiers croisés. 67
Une cour d'amour. 70
Le pas d'armes. 80
La pierre qui danse. 86
Les dix chevaliers. 91
Courtoisie. 93
La prise de Montferrand. 95
Argument *ad hominem*. 102
La mort d'un routier. 103
Un martyr au XVIe siècle 109
À Blaise Pascal. 116
Une réponse de La Fayette.. 122
Le dénombrement. 125
Au Puy-de-Dôme. 129

LIVRE DEUXIÈME.

PAYSAGES ET SOUVENIRS.

La Dore. 137
Ballade des grillons. 140
La préférée. 143
Avril. 145
Le pont de Dore. 147
La glaneuse. 150
Le bateau de Joze. 154
Lever de lune. 157
La cascade du Queureilh. 159

La croix de fer..	163
Le Sancy.	165
Nos horizons.	167
Bourrée.	172
A ma payse.	175
Bruits des champs.	177
La fête des Brandons.	181
La chanson du coutelier.	185
Invocation	189
Langage muet.	191
La fenaison.	194
Bonheur intime	195
Le laboureur.	197
Le retour du marché.	199
A la pomme normande	201
Aux sociétés littéraires.	203
Aux peintres et aux sculpteurs.	205
Pigeons et laboureur	207
A Henri Heine.	210
La coupe de cheveux.	212
Le verger.	215
La meule du voisin.	217
L'échir.	220
Le genêt et la bruyère	222
Confidence.	226
Le cil.	228
La vieille route.	231
Du rose au noir.	233
Autre bourrée.	236
Mon rêve.	240
Le bouleau.	242

L'Auvergne au tombeau de Théophile Gautier. 245
Souvenir de Bellevue. 249
La varenne 253

ÉPILOGUE.

Une voix sur la montagne 261

FIN DE LA TABLE

Paris. — Imp. E. Capiomont et V. Renault, rue des Poitevins, 6.

BIBLIOTHÈQUE-CHARPENTIER
13, RUE DE GRENELLE-SAINT-GERMAIN, 13, PARIS
à 3 fr. 50 le volume.
(*EXTRAIT DU CATALOGUE*)

POÈTES CONTEMPORAINS

ALFRED DE MUSSET
Premières Poésies . . . . . 1 vol. | Poésies nouvelles . . . . . 1 vol.
Œuvres posthumes . . . . 1 vol.

THÉOPHILE GAUTIER
Poésies complètes . . . . . 1 vol. | Émaux et Camées . . . . . 1 vol.

SAINTE-BEUVE
Poésies complètes . . . . . 1 vol.

Mme DESBORDES-VALMORE
Poésies . . . . 1 vol.

PHILOTHÉE O'NEDDY
Poésies posthumes. . . . . 1 vol.

ALPHONSE DAUDET
Les Amoureuses. . . . . 1 vol.

ANDRÉ LEMOYNE
Les Charmeuses. . . . . . 1 vol.

HENRI CANTEL
Les Poëmes du Souvenir. . 1 vol.

ARMAND SILVESTRE
Poésies . . . . 1 vol.
La Chanson des Heures . . 1 vol.
Les Ailes d'or . . . . . . 1 vol.

JEAN AICARD
Poèmes de Provence. . . . 1 vol.
Miette et Noré. . . . . . . 1 vol.

LUCIEN PATÉ
Poésies . . . . 1 vol.

JULES BRETON
Jeanne . . . . 1 vol.

GUY DE MAUPASSANT
Des Vers . . . . 1 vol.

MISTRAL
Mirèio . . . . 1 vol.

Mlle LOUISE BERTIN
Nouvelles Glanes. . . . . . 1 vol.

GUSTAVE MATHIEU
Parfums, Chants et Couleurs. 1 vol.

THÉODORE DE BANVILLE
POÉSIES COMPLÈTES
Les Cariatides. . . . . . . 1 vol.
Les Exilés. . . . . 1 vol.
Odes funambulesques. . . . 1 vol.
Comédies . . . . 1 vol.

MAURICE BOUCHOR
Les Chansons joyeuses. . . 1 vol.
Les Poëmes de l'Amour et de la Mer . . . . 1 vol.
Le Faust moderne. . . . . 1 vol.
Contes parisiens en vers . . 1 vol.

EMMANUEL DES ESSARTS
Poèmes de la Révolution. . 1 vol

MAURICE MONTÉGUT
Lady Tempest. . . . . . . 1 vol.

CHARLES DE LOVENJOUL
Le Rocher de Sisyphe . . . 1 vol.

RAOUL LAFAGETTE
Les Aurores. . . . . 1 vol.

GEORGES NARDIN
Les Horizons bleus. . . . . 1 vol.

Paris. — Imp. E. CAPIOMONT et V. RENAULT, rue des Poitevins, 6.